Seelenreise

pax-et-bonum.net

Renate Stremme

Seelenreise
Ein spiritueller Roman

©März 2013 Renate Stremme Alle Rechte vorbehalten. Keine unerlaubte Vervielfältigung oder Verbreitung. Pax et Bonum ISBN 978-3-943650-45-7. Die Homepage des Verlages findet sich unter www.pax-et-bonum.net Hompage der Autorin unter www.renate-stremme.name Umschlaggestaltung und Herstellung: Social Softwork GmbH www.autorenhilfe.com und ebuch.me. Coverfoto Ingolf Ludmann-Schneider

Über das Buch: Dieses Buch ist mehr als nur ein Roman, es ist ein sanfter Berater in schweren Zeiten. Wie oft stehen wir Menschen an einem Punkt und würden ihn gerne ungeschehen machen? Nur, die Zeit können wir nicht zurückdrehen. Im Universum gibt es keine Zeitberechnung, wir leben im „Jetzt und Hier". Wir können unsere Gedanken verändern, sie in Liebe ausrichten und sie dadurch in eine andere Richtung lenken. Es gibt kein „zu spät" oder „das schaffe ich nicht". Es gibt immer einen Neuanfang.

Über die Autorin: Renate Stremme erblickte das Licht dieser Erde in einem kleinen Bergdorf in Nord-Hessen. Als kleiner Wildfang stellte sie das Leben ihrer ganzen Familie so manches Mal auf den Kopf, was auch so lange anhalten sollte, bis sie ihr Zuhause verließ und die große weite Welt auf eigenen Füßen eroberte. Der Beruf als Hotelfachfrau und private Motive führten sie nach Hamburg, später nach Ostberlin gleich nach dem Mauerfall, USA, Schweden, Frankreich und Italien. Freunde animierten sie zum Schreiben.
Ihre zweite Leidenschaft gilt dem Fotografieren. Diese verbindet sie nun mit den Spaziergängen mit ihrer Schäferhündin Angie.

Inhalt

Vorwort					9

Die Reise beginnt			19

Danksagung				215

Vorwort

Die beiden Hauptpersonen, um die es sich in erster Line handeln soll, haben noch keine passenden Namen, geschweige denn Gesichter, nur die Handlung ist im Groben zu erkennen. Die Namen, die mir immer wieder vorschweben, gefallen mir nur ansatzweise, sodass sie wieder und wieder von mir verworfen werden. Die Frustration steigt und steigt. Es macht keinen Sinn, hier weiterzuarbeiten; da der ersehnte Geistesblitz ausbleibt, gehen wieder einige Tage ins Land.
Warum es sich mit den Namen so schwierig gestaltet, liegt daran, dass ich mit ihnen eine Verbindung aufbauen muss. Sodass ich sie dann vor meinem geistigen Auge in Bildern wahrnehmen kann. Auch hier wird mir mal wieder gezeigt, dass es keinen Sinn hat, auf Biegen und Brechen etwas erreichen zu wollen. Wie oft wurde mir in meinem Leben schon gezeigt, dass es besser ist, Dinge auch mal für einige Tage ruhen zu lassen. Ihnen den Raum und die Zeit zum Wachsen zu geben.
Der erste Name, der kam, war Katharina; nun gut, dachte ich mir und der andere? Hier war es wirklich ein zündender Einfall: Henrik.
Wieso, werden Sie sich fragen, erzählt sie uns das alles?
Es gab schon einmal eine Begegnung, als mir die Gedanken nur so wild durch den Kopf schossen. Dass mir fast schwindlig wurde und ich nicht nur durch meinen eigenen Aufschrei erschrak: Ich hatte das Gefühl, das mir jemand auf meine rechte Schulter klopft. Die Stimme, die

mich immer wieder aufforderte, lass deine Arbeit liegen und gehe ins Feld, zu deiner Bank. Da, wo du Gott ganz nah bist, wir zeigen dir dort, wie du die Bilder zu einem Buch aufschreiben kannst. Ich hörte meine eigene Stimme ganz laut rufen: Hört auf, Schluss, was soll das? Ich kann das nicht, ein Buch schreiben. Ich bekomme noch nicht einmal eine Seite zusammen, geschweige denn ein ganzes Buch, mit wie vielen Seiten auch immer. Wie war das in der Schule mit den Aufsätzen, die Themen, die der Lehrer uns aufgab? Nichts fiel mir dazu ein, rein gar nichts, und jetzt soll ich ein Buch schreiben? Blödsinn …

Bevor meine Gedanken weiterlaufen können und noch mehr Verwirrung in mir stiften, steh ich lieber auf und versuche mich abzulenken. Doch gelingen soll mir das an diesem schönen Vormittag nicht. Somit beschließe ich, doch dem Aufruf der Stimme zu folgen, und gehe zu meiner Bank ins Feld. Wo ich wirklich das Gefühl habe, Gott am nächsten zu sein. Vielleicht liegt es an der Weite, die man dort erblicken kann, ich weiß es nicht. Jedenfalls kehren meine Gedanken immer wieder zu diesem Buch zurück. Zum Nachmittag manifestieren sich die Gedanken immer stärker, bis der Name «Henrik» immer lauter wird.
«Henrik wird dir dabei helfen», höre ich wieder die Stimme zu mir sagen.
«Wer ist Henrik?», fragte ich zurück.
Es ist, als würde jemand zu mir reden, ganz vorsichtig und weich ist diese Stimme. Ich schüttelte verdutzt den Kopf

und drehe mich um; nur, da hörte ich wieder diese weiche Stimme, die sehr beruhigend auf mich einwirkt. Ich merke, je länger sie mit mir spricht, desto ruhiger werde ich. Lass sie einfach reden, was sie dir zu sagen hat, irgendwann wird sie schon Ruhe geben, und die Lust an dir verlieren, denke ich so für mich. Nur leider habe ich hier auf das falsche Pferd gesetzt, sie ist genauso stur wie ich. Ich bekomme im Laufe der Zeit immer mehr Informationen, sie will wirklich, dass ich ein Buch schreibe, in dem Henrik eine bedeutende Rolle spielt.

Ich gehe noch einen Schritt weiter und frage erneut diese Stimme: «Wer bist du?», und sie antwortete mir wahrhaftig.

«Es spielt keine so große Rolle, wer oder was ich bin, ich bin immer und überall gegenwärtig. Nenn mich dein inneres Kind oder deinen Schutzengel, oder geh von mir aus auch so weit und nenne mich einfach Gott. Wenn du die Dinge klar erkennst, kannst du sie verinnerlichen oder ändern und brauchst nicht länger an ihnen festzuhalten. Dann hast du auch keine Angst, deinen Schmerz den Wellen des Meeres zu übergeben, und bist frei für Neues. Es gibt immer mehrere Wege, die du gehen kannst, selbst in Sackgassen sind Kehrtwendungen möglich. Genau diese Fragen sollst du dir jetzt stellen. Als sich dein Leben begann zu wandeln, wo jeder Tag ein schöner Tag war. Weil deine Gedanken ins Positive gerichtet waren und die Freude in dir aufstieg, die du spüren konntest. Die Schmetterlinge im Bauch, die du jeden Morgen spürtest. Genau zu diesem Gefühl muss du wieder hinkommen und dein Leben neu ordnen. Um herauszufinden, was du wirklich willst. Hierzu sollst du in deine Ruhe gehen, die du in deiner Mitte findest. Die entscheidenden Fragen sind doch: ‚Wo stehe ich, wo will ich hin?' Die sollst du dir stellen. Ich gehe noch einen schmerzlichen Schritt weiter mit dir. Wo hast du gestanden vor dieser Freundschaft, die doch in dir umhergeht? Denk mal darüber nach, ob du nicht ein bisschen vom Weg abgekommen bist. Weil sich diese Abzweigung für einige Zeit als die richtige für dich dargestellt hat. Es gibt immer zwei Wege im Leben, die du gehen kannst – der eine führt vielleicht direkt zum Ziel und der andere in eine Sackgasse. Ein Zurück gibt es immer, auch aus jeder Sackgasse; der Mut, der Glaube und das Vertrauen an sich selber gehören dazu, um diese Kehrtwendung zu vollbringen.»

«Du meinst also, man verliert nie etwas, es findet sich immer der richtige Weg. Nur, die Wege sind nicht immer gerade, sie könnten auch schon mal auf eine Abzweigung führen, die genommen werden muss. Irgendwann sehe ich wieder meine Kreuzung, die mich dann auf den Weg zurückbringt, den ich eingeschlagen hatte. Und dieser Weg soll jetzt ein Buch werden?»

«Ja, warum nicht, willst du ein Leben im Paradies nicht schon jetzt hier auf Erden haben?

Lass mich noch kurz auf deine Abwehrhaltung und Schulzeit zurückkommen. Warst du immer in deinem Vertrauen und bereit, Großes zu leisten? Zu Beginn vielleicht, wo waren deine Gedanken und wie war es, als es wirklich ernst wurde? Deine Gedanken füllten sich mit deinen Ängsten auf, es doch nicht zu schaffen? Wo war da deine Liebe zu dir selbst, dein Vertrauen zu dir selbst? Jetzt ist die Zeit besser, du hast gelernt in dein Vertrauen zu gehen, in vielerlei Dingen. Ich biete dir jetzt die Möglichkeit, mit mir dieses Buch gemeinsam zu schreiben. Sag dir jeden Tag aufs Neue diese beiden Sätze, du wirst sehen, es wird alles mit Leichtigkeit gehen:

Ich bin auf meine innere Quelle eingestimmt, die mir die Richtung weist.

Ich verlasse mich vertrauensvoll darauf, dass diese innere Kraft mich führt. (Verfasser unbekannt)

Verstehst du nun so ein bisschen? Der Blick ist der Weg, wo er dich hinführen soll, oder anders formuliert:

Je länger der Blick wird, desto kürzer ist der Weg.

Jeder von euch hat sich sein Leben im Jenseits vorgeschrieben, nur vergessen habt ihr es, bevor ihr ins Diesseits zurückgekehrt seid. Um die Dinge, die für euch wichtig sind, zu verändern, zu verbessern. Da aber euer Bewusstsein von diesen Dingen nichts mehr weiß, die ihr euch ins Lebensbuch geschrieben habt, nur euer Unterbewusstsein. Anders gesagt, dein inneres Kind weiß es, was du dir in dein Lebensbuch geschrieben hast. Würdest du besser auf dein inneres Kind hören, ja zuhören, wären deine Wege nicht so verschlungen. Dein inneres Kind spricht mit dir, meistens sind es deine Bauchgefühle, die du fühlst, deine Intuition, die du fühlst. Lasst dich doch einfach treiben wie ein Blatt im Wind, von den Gefühlen, die du in bestimmten Situationen hast.

Ein Baum kann sich auch nicht gegen die Gewalt des Windes stellen, dann droht er zu brechen und genauso ist es in deinem Leben. Lieber zerbrichst du an deinem Schmerz, als deine Gedanken in Liebe zu hüllen. Denn die Liebe ist die stärkste Macht im Universum, sie heilt und harmonisiert alles. Aber auch das müsstest du erst wieder lernen: sie wahrzunehmen. Sind die Gefühle ‚gut', fühlst du dich wohl bei dem, was du tust oder sagst, kannst du davon ausgehen, auf dem richtigen Weg zu sein.»
«Du sagst andauernd ich soll auf mein inneres Kind hören und betontest das Zuhören, dann wären meine Wege nicht so verschlungen. Für mich klingt das alles gleich, ob ich nun höre oder zuhöre, hm?»
«Du willst wirklich wissen, wie du vom Hören über das Hinhören zum aktiven Zuhören kommst?»
«Ja, wenn's geht, bitte kurz und verständlich, meine Gehirnkapazität ist fast erschöpft.»
«Also gut, Hören ohne Hinhören ist zum Beispiel, mit sich selber beschäftigt zu sein, nur sporadisch aufmerksam zu sein und dem Gespräch nur so lange zu folgen, bis du selbst reden kannst. Hinhören ohne Zuhören bedeutet, Aufnehmen, was dir ein anderer vermitteln möchte, ohne dass du dich bemühst herauszufinden, was er meint. Du bist gefühlsmäßig unbeteiligt, distanziert und abwartend. Somit entsteht fälschlicherweise beim Sprechenden der Eindruck, du würdest ihm ernsthaft zuhören.
Und nun zum Wörtchen zuhören: Es bedeutet, sich ganz in sein Gegenüber hineinzuversetzen, ihm volle Aufmerksamkeit zu schenken und dabei nicht nur auf den

Inhalt, sondern auch auf seine Zwischentöne zu achten. Durch deine Haltung und Reaktion zeigst du deinem Gegenüber, dass es für dich nichts Wichtigeres gibt als ihn.
Richtiges Zuhören heißt also nicht, sich passiv zu verhalten und den anderen reden zu lassen. Fällt dir was auf?»
«Nein, ich weiß jetzt nicht, aber ich habe dir schon zugehört.»
«Okay, egal wem du begegnest, ob es eine Freundschaft oder Bekanntschaft ist, du solltest immer auch auf die Zwischentöne hören, dann können erst gar keine Missverständnisse entstehen.
Du kennst doch bestimmt Der Kleine Prinz von Antoine de Saint-Exupéry?»
«Ja, natürlich kenne ich dieses Buch.»
«Erinnerst du dich an diesen Abschnitt; «Die Menschen bei dir zu Hause», sagte der kleine Prinz, züchten fünftausend Rosen in ein und demselben Garten.... und sie finden dort nicht was sie suchen....»
«Sie finden es nicht», antwortete ich.... «und dabei kann man das, was sie suchen, in einer einzigen Rose oder in einem bisschen Wasser finden...» «Aber die Augen sind blind. Man muss mit dem Herzen suchen.»
«Was wichtig ist sieht man nicht...»
Verstehst du nun was mit dem richtigen Zuhören gemeint ist?» «Ja, ich habe es kapiert. Wie langweilig wäre dann unser Leben hier auf Erden, wenn wir schon immer vorher wüssten, was in unserem «Buch des Lebens»

geschrieben steht. Natürlich könnte ich so manches schon vorher abwenden und so dem Schmerz aus dem Wege gehen. Kann ich mir wirklich sicher sein, dass ich dann immer das Richtige tue? Reife und wachse ich denn nicht erst an meinen Fehlern? Oder sollte ich besser sagen, an dem Erlebten lerne ich erst? Ist das nicht das, was jeder von uns ins «Lebensbuch» geschrieben bekommt? Ist es nicht Gottes Absicht, uns gerade diese fehlgeschlagenen Aufgaben nochmals durchleben zu lassen, weil sie uns misslungen sind?»

«Wer sagt dir denn, dass es Fehler sind? Doch nur dein Ego. Gott möchte dich nicht unglücklich sehen. Das ist deine Auffassung, die du dir selbst auferlegt hast. In der Natur gibt es das nicht, da gibt es ein Yin und Yang; würdest du mehr in und mit der Natur leben, dann hättest du diese Gefühlsschwankungen nicht. Ich kann dir nur immer wieder ans Herz legen, nimm aus deinen Erfahrungen, aus jedem Negativen, das Positive für dich heraus. Es gibt nichts Negatives in deinem Leben. Es hat alles sein Gutes, auch wenn du es für den Moment noch nicht sehen kannst oder noch nicht sehen willst, weil die Traurigkeit in dir überwiegt. Schau mal, wenn du eine Freundschaft, Beziehung oder was es auch immer sein mag, verlierst, ist es für dich gleichbedeutend damit, unglücklich zu sein? Nimm dir einige Minuten Zeit für deinen Schmerz und umgib ihn mit der Göttlichen Liebe, denn nur dann kann der Schmerz ziehen. Stell dir ein Meer vor, an dem du stehst, die Wellen kommen und gehen. Mit jeder Welle, die kommt, gibst du ein Stück von deinem Schmerz mit hinein. Diese neue Welle bringt dich immer mehr in deine neue Freiheit zurück und du schaffst dir nach und nach Platz für Neues. Unglück kann auch gleichzeitig Glück bedeuten, lass den Schmerz mit den Wellen ziehen. Und nun lass uns dieses Werk vollbringen.»

Und so entstand nun der spirituelle Roman «Die Macht der Gedanken». Sie führten mich durch die Lehren Buddhas, dem TAO, Gott und andere Lichtwesen. Mit der Zeit wurden wir immer mehr und mehr gute Freunde.

> Du zeigst mir den Pfad zum Leben.
> Vor deinem Angesicht herrscht Freude
> in Fülle, zu deiner Rechten Wonne
> für alle Zeit.

Psalm 16:11

Henrik von Gräfenstein verabschiedet sich von seinem Freund und Geschäftspartner Michel Vogel, der ihn zum Flughafen begleitete. Seit ihrer Kindheit verbindet die beiden eine innige Freundschaft, nur durch ihre Studienzeit trennten sich ihre Wege. Bis sie sich vor zehn Jahren durch Zufall wieder trafen. Henrik glaubt jedoch nicht an Zufälle. Er sieht es mehr als Bestimmung von Gott an, denn nichts geschieht im Leben eines Menschen ohne ersichtlichen Grund. Nicht, dass Henrik ein streng gläubiger Kirchengänger wäre. Nein, er hat mehr seine eigene Lebensphilosophie auf der spirituellen Ebene entdeckt, seitdem er in Südafrika, in der Nähe von Kapstadt, lebt und dort das geerbte Weingut seines Onkels Benno von Gräfenstein bewirtschaftet. Möglich, dass dies an dem schönen Land liegt, an den Menschen die hier leben, mit ihrer ganz besonderen Einstellung zum Leben. Vielleicht weil sich Gott hier besonders viel Mühe gab und dieses Fleckchen Erde wie ein Paradies erscheinen lässt. So empfindet es Henrik jedes Mal, wenn er aus Europa zurückkehrt.

Als die beiden sich vor zehn Jahren wieder trafen und Henrik von sich und dem geerbten Weingut erzählte,

hatte Michel die Idee, die Weine in Europa zu vermarkten.
«Henrik ich wäre bereit, mich finanziell miteinzubringen und deine Weine hier in Europa zu vertreiben. Was hältst du davon?»
«Meinst du? Es gibt doch schon genügend Weine aus anderen Ländern, ob hier meine Weine eine Chance habe? Nicht dass ich ein Pessimist bin, aber das bestehende Angebot ist doch sehr umfangreich.»
«Da ich Marketing studiert habe, lass es mich doch einfach ausprobieren. Ich nehme diese Kosten auf mich, egal ob es klappt oder nicht. Sollte es den erwünschten Erfolg haben, können wir über eine Partnerschaft nachdenken.» Was sich Michel mal in den Kopf setzte, davon war er so schnell nicht abzubringen. Henrik wusste das ganz genau, sodass er keine weiteren Einwände mehr äußert. Warum auch, Henrik war ein guter Geschäftsmann, soweit er das von sich selber behaupten konnte. Er nahm dieses Angebot von Michel an, einen Versuch war es allemal wert. Seitdem besteht nicht nur ihre Freundschaft, auch die geschäftliche Partnerschaft ist innerhalb dieser Zeit sehr erfolgreich verlaufen.
Michel umarmt Henrik freundschaftlich zum Abschied.
«Mach's gut alter Junge, wir sehen uns dann in zwei Wochen, bei dir in Südafrika. Ich freue mich schon auf dich und dein Paradies.»
«Danke, Michel, dass du mich zum Flughafen gebracht hast, liebe Grüße und ein Dankeschön nochmals an deine Frau Monika, dass sie mich mit ihrer Hausmannskost so verwöhnt hat.» «Das macht sie doch gerne.» Michels

Terminkalander ist heute so voll gepackt, dass es für einen gemeinsamen Kaffee nicht mehr reicht und Henrik alleine auf seinen Abflug wartet. Er schlendert zu einem Zeitungsstand, kauft sich eine Tageszeitung, die er in der Wartezone lesen will, bis sein Flug aufgerufen wird. Noch ist die Wartezone erstaunlich leer, obwohl er heute schon mit einem heftigen Andrang rechnete. Henrik nimmt Platz in einer Ecke der Lobby, wo er gleichzeitig die ankommenden Menschen beobachten kann. Er beobachtet gerne Menschen und denkt über sie nach, was in ihnen so vorgehen mag, ob sie fröhlich oder gestresst von einem Ziel zum anderen hetzen. Wenn er nicht das Weingut von seinem Onkel geerbt hätte, wäre seine berufliche Laufbahn mehr in die Richtung Psychologie gegangen. Menschen aus ihren Krisen herauszuhelfen, sie in ein anderes Denken zu führen, sie zu motivieren, das wäre sein Traumberuf. Wann immer Henrik es mit seiner Zeit vereinbaren kann, nutzt er sie so, dass er sich in Kapstadt am Hafen ins Restaurant setzt und die Menschen beobachtet, die aus allen Ländern per Schiff ankommen oder einfach nur herkommen, um sich den herrlichen Blick am Hafen zu gönnen. Auch jetzt fiel ihm gleich eine sehr elegante Dame, so Mitte vierzig, auf. Schwarzes langes Haar, leicht über die Schulter gewellt, etwas verschüchtert, was sie aber versucht zu überspielen, trotzdem entgeht es Henriks geschulten Blick nicht. Irgendwie hat sie etwas von einem streng gläubigen Internatmädchen, ihre ganze Haltung versetzt Henrik in die 50er Jahre zurück. Etwas hilfesuchend schaut sich die elegante Dame nach einer Sitzgelegenheit um. Ihr Blick geht mehr ins Abseits der Lobby, offensichtlich mag sie keinen Trubel. Da sich inzwischen die Halle mit den ankommenden Gästen füllt, bleibt ihr keine andere Wahl, als den Platz neben Henrik einzunehmen, auf dem er seinen Mantel abgelegt hat. Nun ist er gespannt, ob sich diese Dame traut ihn anzusprechen, seinen Mantel zu entfernen, um den Platz für sie frei zu machen. Katharina sieht sich wirklich etwas hilfesuchend um, ihr Blick fällt auf den leeren Platz neben dem sehr gut aussehenden, schlanken, dunkelhaarigen Mann. Bevor sie ihn fragen kann, steht er auf, nimmt seinen Mantel und winkt ihr zu. Katharina zögert nicht lange, ihre Beine schmerzen, weil sie die Nacht noch mit Vorbereitungen beschäftigt war und sie jetzt ihre Müdigkeit spürt.

«Darf ich Ihnen diesen Platz neben mir anbieten?»

Henrik sieht in ihre schönen grünen Augen, die ihn eine Spur ihrer Müdigkeit erahnen lässt.

«Danke, gerne nehme ich Ihr Angebot an.»

Beide setzen sich.

«Oh, Verzeihung, ich bin unhöflich, darf ich mich vorstellen, Henrik von Gräfenstein.»

«Angenehm, Katharina Sommer.»

Henrik streckt ihr seine Hand entgegen und sieht sie lachend an, was eine leichte Röte der Verlegenheit ihr ins Gesicht steigen lässt. Eine, die ihr ganz besonders gut stand, zumindest empfand es Henrik so. Nur Katharina ärgerte sich schon wieder innerlich darüber, denn sie kann

es überhaupt nicht an sich leiden. Henrik nimmt seine Tageszeitung zur Hand, in der er bis jetzt noch nichts gelesen hat. Nicht aus Unhöflichkeit, sondern um ihr die Möglichkeit zu geben, sich zu entspannen, denn er hat bemerkt, wie unangenehm es ihr ist. Katharina holt aus ihrer Tasche ein Frauenmagazin und blättert gedankenverloren eine Seite nach der anderen um, ohne wirklich wahrzunehmen, was auf den Seiten steht. Henrik entgeht das nicht und aus heiterem Himmel fragt er Katharina:
«Wo geht denn Ihre Reise hin?»
Es ist nicht ersichtlich, da noch zwei weitere Flüge aus dieser Abflughalle starten. «Wenn Sie mir diese Frage erlauben.»
Bevor Katharina sich entrüstet äußern kann, gibt Henrik sein Reiseziel freiwillig bekannt. «Ich fliege zurück nach Südafrika, genauer gesagt nach Stellenbosch, es liegt in der Nähe von Kapstadt, dies ist mein Zuhause», erzählt er ihr ungefragt. Katharina merkt, dass er ihr immer einen Schritt voraus ist und sie ihm nicht die Antwort geben kann, die ihr auf der Zunge liegt. Es entgeht ihm auch nicht, dass Katharina sich über seine gestellte Frage ärgert. Nach dem Motto, was geht es den aufgeblasenen Lümmel an, wo mich meine Reise hinführt?
«Wenn Sie mir nicht antworten möchten, sagen Sie es einfach frei heraus. Der Mensch interessiert mich im Allgemeinen. Aber ich ziehe auch gerne meine Frage zurück und entschuldige mich für meine Aufdringlichkeit Ihnen gegenüber.» Innerlich muss Henrik schon

schmunzeln, es amüsiert ihn schon ein bisschen, wie sie ihre Mimik nicht so ganz unter Kontrolle bekommt. Für wenige Minuten tritt Schweigen ein. Was ist das für ein Mann, der sofort spürt, wo seine Grenzen sind? Bisher sind Katharina nur Männer in ihrem Leben begegnet, die fordernd und aufdringlich waren. Irgendwie hat er jetzt ihr Interesse geweckt. Plötzlich antwortet Katharina ihm.
«Ich glaube, ich muss mich bei Ihnen entschuldigen, dass Sie meinen Unmut gleich so spüren. Nur, meine Nacht war sehr kurz, oder besser gesagt ich habe keinen Schlaf bekommen, die Müdigkeit überrennt mich jetzt. Leider wirke ich dann immer etwas unfreundlich, Pech für den Menschen, der es aufrichtig meint.»
Henrik faltet schmunzelnd seine Zeitung zusammen.
«Das ist wohl mein Pech, aber damit lebe ich gerne, Ihre aufrichtige charmante Antwort entschuldigt alles.»
Katharina will ihm gerade ihr Reiseziel verraten, da hören sie den Aufruf zu ihrem Flug nach Kapstadt. Henrik steht auf und verabschiedet sich von Katharina.
«Es hat mich sehr gefreut, dass ich Sie kennen lernen durfte, leider muss ich jetzt an Bord gehen. Vielleicht begegnen wir uns ein anderes Mal wieder. Eine schöne Zeit für Sie, wo immer der Weg Sie jetzt auch hinführen mag.» Henrik nimmt seinen Mantel und die Zeitung und geht hinüber zum Bordpersonal. Katharina schaut ihm noch eine Weile nach, dann packt sie ihr Magazin ein; denn auch sie fliegt nach Stellenbosch.
Als Henrik seinen Platz aufsucht und seinen Mantel oben in der Gepäckablage verstaut, fällt ihm auf, dass der Platz

zum Gang noch frei ist. Seine Zeitung wieder aufgeschlagen nimmt er gar nicht wahr, von wem der Platz neben ihm besetzt wird. Erst als ihm der gut duftende Maiglöckchengeruch wieder in seine Nase steigt, nimmt er seine Zeitung zur Seite und schaut in zwei schöne grüne Augen.

«Na, das kann jetzt kein Zufall sein, schöne Frau. Nicht nur, dass Sie mir ihr Reiseziel nicht verraten wollten, nun sitzen Sie den ganzen Flug neben mir. Es sei denn, dass Sie bei der Zwischenlandung in Amsterdam aussteigen?»

Nun lächelte zur Abwechslung mal Katharina.

«Wie kommen Sie darauf, dass ich Ihnen mein Ziel nicht verraten wollte? Der Aufruf hat mich unterbrochen, es Ihnen zu erzählen.»

«Nur gut, dass die schöne Dame jetzt eine passende Antwort parat hat, darf ich Ihnen behilflich sein, Ihre Tasche zu verstauen?»

«Gerne, wenn es Ihnen keine Mühe bereitet. Im Übrigen steige ich nicht in Amsterdam aus. Bevor Sie mir wieder unterstellen, Sie bekämen von mir keine Antwort: Auch ich fliege nach Stellenbosch.»

Grinsend über den jungen Mann verstaut Henrik erst mal ihre Tasche. So ganz allmählich scheint die Dame aufzutauen, da ihre Antworten aufmüpfiger werden.

«Möchten Sie wirklich den Platz am Gang behalten oder lieber den Fensterplatz einnehmen, den ich Ihnen gerne überlasse?»

«Nein, verehrter Freiherr von Gräfenstein, ich danke Ihnen für Ihr Angebot, aber ich sitze lieber am Gang.

Erstens wegen der Beinfreiheit und zweitens zieht es mir am Fenster. Sie wissen doch, Frauen frieren immer schneller als die Herren der Schöpfung.»
Henrik setzt sich wieder, sodass Katharina auch ihren Platz einnehmen kann und der Gang nicht unnötig von ihnen blockiert wird.
«Zur Abwechslung frage ich Sie mal was, wohnen Sie direkt in Stellenbosch und was machen Sie, wenn Sie mal nicht die Menschen beobachten?»
«Hm, das sind ja gleich zwei Fragen in einer. Sie möchten wissen, ob ich was Gescheites arbeiten kann? Kennen Sie das Weingut Morgenrot? Es liegt zwischen Stellenbosch und Paarl an den südwestlichen Ausläufern des Simonsbergs zu Stellenbosch. Die Sonne scheint den ganzen Tag und eine kühlende Seebrise vom Atlantischen Ozean umhüllt mein Weingut.»
Henrik sieht Katharina an und wartet auf ihre Reaktion, diese lässt jedoch auf sich warten. Denn Katharina ist mit ihren Gedanken noch bei der kurzen Beschreibung, die Henrik ihr zu seinem Weingut gegeben hat. Sie stellt sich gerade das Weingut Morgenrot am Abend vor, wenn die Sonne im Atlantischen Ozean untergeht und der Berg im roten Sonnenlicht erscheint. Mit diesem Mann an den Klippen stehen, die letzen Sonnenstrahlen genießen, bevor sie im Atlantischen Ozean untergegangen ist. Anschließend mit ihm vor seiner Haustür, vielleicht steht dort eine kleine Bank, auf der sie sitzen können, mit einem Glas Wein, plaudernd in seine Weinberge schauend. Ein «Hm», ist der erste Laut, den Henrik jetzt

von ihr hört, doch zu einer Reaktion kommt er nicht. Die Flugbegleiterin geht durch den Gang und schaut nach, ob alle Passagiere sich für den Start ordnungsgemäß angeschnallt haben. Sie holt Katharina aus ihren Gedanken und bittet sie den Gurt anzulegen. Während Katharina ihren Gurt umlegt, treffen sich ihre Blicke wieder und ihr steigt eine leichte Röte ins Gesicht. Um ihre Unsicherheit zu überspielen, kommt ein «Soso» von Katharina.
«Es muss ja wunderschön sein, so wie Sie es mir beschreiben», fügt sie hinzu.
«Na ja, es kommt immer auf das Auge des Betrachters an, für mich ist es das Paradies auf Erden. Hier sehe ich nicht in erster Line mein Weingut, sondern das ganze Tal, es ist ein Paradies. Das grüne Tal am Eerste-River, kennen Sie es?»
«Nein, dies ist meine erste Südafrika-Reise, und das nur aus beruflichen Gründen.»
In der Zwischenzeit hat der Flug begonnen und seine gewünschte Höhe erreicht. Die Flugbegleiterinnen servieren den Gästen die ersten erfrischenden Getränke. Henrik bestellt sich einen Kaffee und Katharina nimmt zu ihrem Kaffee noch ein Glas heißes Wasser dazu.
«Verraten Sie mir auch Ihren Beruf, der Sie in mein schönes Land führt, oder ist es ein Geheimnis?»
Ein kleines Schmunzeln huscht über ihr Gesicht.
«Nein es ist kein Geheimnis. Ich arbeite seit kurzem für ein Reisebüro, und das möchte, dass ich zum einem Südafrika kennen lerne, zum anderen habe ich dort eine

Freundin, die seit Jahren schon für meinen Arbeitgeber als Reiseleiterin tätig ist. Sie war es, die mir diesen Job besorgt hat, und unsere Idee ist es jetzt, neue Touren auszuarbeiten. Stellenbosch kenne ich nur dem Namen nach, da meine Freundin direkt in Stellenbosch wohnt.»

«Wenn Sie mögen, erzähle ich Ihnen gerne mehr über meine Heimat, vielleicht können Sie Ihrer Freundin damit ein bisschen imponieren. Im Übrigen bin ich nicht nur Besitzer eines Weingutes, auch ein Restaurant gehört zum Gut. Es könnte ja sein, dass dieses immergrüne Tal noch nicht im Tourenangebot Ihrer Freundin enthalten ist. Es wird ihr sicher gefallen, denn es ist mir gelungen, so glaube ich zumindest, den ursprünglichen Stil der Farm zu erhalten, die im Jahr 1692 gebaut wurde.»

«So lange lebt Ihre Familie schon auf dieser Farm?»

«Wo denken Sie hin! Nein, sie wurde ursprünglich von Hugenotten erbaut, so wie die ganze Gegend 1679 von Hugenotten gegründet wurde. 1863 kaufte sie eine französische Familie auf, und meine Familie übernahm sie dann im Jahre 1902. Aber ich möchte Sie nicht langweilen mit meiner Schwärmerei.»

«Da sind Sie jetzt auf dem Holzweg, Herr von Gräfenstein. Sie erzählen sehr anschaulich, sodass ich das Gefühl habe, mitten in diesen Zeitepochen mit Ihnen zu reisen. Bitte erzählen Sie weiter, vielleicht ein bisschen über Stellenbosch.»

Bevor Henrik fortfahren kann, kommen erneut die Flugbegleiterinnen und servieren das Mittagessen. Hierbei lässt sich Henrik nicht stören, auch nicht von so einer

reizenden Dame wie Katharina. Erst als er seinen Espresso entgegengenommen hat, richtet er seinen Blick auf Katharina und nimmt seine Erzählung auf.
«Wissen Sie, nach wem Stellenbosch benannt ist?»
Ohne dass er ihre Antwort abwartet, fährt er fort:
«Nach Simon van der Stel. Der holländische Einwanderer gründet die zweitälteste Stadt Südafrikas 1679. Stellenbosch, diese wunderschöne Stadt, im schönen und immer grünen Eerste-River-Tal unterhalb des Papegaaibergs. Die eleganten Wohnhäuser im viktorianischen und georgianischen Stil bestimmen das Stadtbild. Wenn Sie Stellenbosch morgen betreten, spüren und sehen Sie, dass Sie sich auf historischem Boden bewegen. Es geht eine solche Faszination von dieser Stadt aus, es ist immer wieder beeindruckend. Da die Hauptstraße immer noch von den damals gepflanzten Eichen umsäumt wird, ist der Afrikaans-Name ‚Eikestad', die Eichenstadt. Durch den Denkmalschutz vieler Gebäude ist das historische Erbe immer noch im Kernzentrum sichtbar. Stellenbosch zählt heute über 90 000 Einwohner und sein Wohlhaben verdankt die Stadt dem Weinbau in der Region am Kap. Das Umland von Stellenbosch wird auch Boland genannt, es ist einer der schönsten und fruchtbarsten Berglandschaften Südafrikas. Der Simonsberg und die Boland Berge sind die idealsten Gegenden für Wein- und Obstanbau.»
Henrik beendet hier seine Ausführungen; da Katharina ihre Augen geschlossen hat und er sich nicht ganz sicher ist, ob sie schläft. Es vergehen nur wenige Minuten und er

hört sie sagen: «Warum hören Sie auf?»
«Für mich sah es so aus, als würden Sie schlafen, wofür ich vollstes Verständnis hätte. Sie sagten mir doch, Ihre Nacht sei kurz gewesen.»
Katharina öffnet die Augen und sieht Henrik an.
«Sie erzählen so spannend und dabei schließe ich gerne meine Augen, um die Bilder besser in mich aufnehmen zu können.»
«Ich mache Ihnen einen Vorschlag, ich schenke Ihnen einen ganzen Tag meiner Zeit und zeige Ihnen das, wovon ich Ihnen soeben berichtet habe. Sie sollten sich trotzdem etwas Ruhe gönnen, und mit den Bildern, die Sie sehen, einschlafen.»
Katharina lässt sich das nicht zweimal sagen. Henrik hat noch nie einen Menschen kennen gelernt, der den ganzen Flug über schläft. Auch als das Abendbrot serviert wurde, kann sie nichts aufwecken, so tief und fest schlief Katharina. Erst kurz vor dem Frühstück erwacht Katharina wieder und bemerkt, dass ihr Kopf sich an Henriks Schulter angschmiegte.
«Oh, entschuldigen Sie, habe ich die ganze Zeit so geschlafen? Wie spät ist es eigentlich?» Henrik lacht sie an.
«Guten Morgen, Zeit zum Frühstück. Ja, Sie haben wie ein Murmeltier mal so und mal in meinen Armen geschlafen. Aber das ist alles kein Problem, wenn Sie mich nur jetzt bitte mal vorbei lassen, sonst bekomme ich ein Problem.»
Katharina springt förmlich aus ihrem Sitz und lässt Henrik raus. Das Einzige, was sie ihm noch zurufen kann, ist

einen guten Morgen. Frisch rasiert kommt Henrik wieder an seinen Platz zurück, mit zwei Bechern Kaffee und einer extra Portion heißem Wasser. Katharina nimmt ihm das Tablett ab, damit er sich wieder setzen kann.

«Sie haben auch noch an das heiße Wasser gedacht, danke, sehr lieb von Ihnen.» Katharina genießt es, so verwöhnt zu werden von einem Mann, den sie erst ein paar Stunden kennt. Die letzten Stunden vergehen wie im Flug. Bevor der Flieger zur Landung aufsetzt, gibt Henrik ihr seine Visitenkarte mit dem ausdrücklichen Wunsch, sich bei ihm zu melden, damit er sein Versprechen einlösen kann. An der Gepäckausgabe ist er ihr noch einmal behilflich, den Koffer vom Band zu holen. Gemeinsam verlassen sie das Flughafengebäude. Katharina hat ihre Freundin in der Empfangshalle nicht gesehen und draußen steht sie auch nicht. «Na, ich denke, Ihre Freundin wird sich ein wenig verspätet haben. Der Verkehr ist zu dieser Zeit in Kapstadt sehr stark. Sollte sie nicht kommen, dann kommen Sie einfach erst mal zu mir und wir sehen dann weiter.»

«Da ist sie ja», hört er Katharina sagen.

«Das ist Ihre Freundin, die so halb rennend auf uns zukommt?» Für eine Antwort bleibt Katharina keine Zeit mehr, denn die Freundinnen liegen sich schon zur Begrüßung in den Armen.

«Hallo Henrik, du auch mal wieder aus Europa zurück? Schön, dass Katharina nicht so ganz alleine hier stehen musste.»

«Hallo, Hildegard, erstens weiß ich, wie der Verkehr hier

ist. Zweitens kann ich doch so eine hübsche Frau, die noch nie in Kapstadt war, nicht so ganz alleine am Flughafen stehen lassen. Außerdem haben wir uns auf dem Flug sehr angeregt unterhalten.»
Katharina verfolgt stumm vor Überraschung die Unterhaltung der beiden.
«Sehr angeregt unterhalten ist gut», lacht sie dann. «Sie haben mir von ihrem Land erzählt, dass ich nicht so ganz dumm vor dir stehen soll, Hildegard. Und dann habe ich den Rest des Fluges verschlafen. Sie sind ein Schmeichler, aber danke, dass Sie das so empfunden haben.»
«So ist er nun mal, immer ein Charmeur.»
«Ich habe Katharina versprochen, ihr ein bisschen die Gegend zu zeigen. Wenn du Lust hast, Hildegard, dann komm doch einfach mit?»
«Das wird nicht ganz klappen, denn ich habe eine Tagestour für Morgen bekommen, ganz unverhofft. Aber vielleicht kannst du es einrichten, Katharina morgen bei mir abzuholen?»
«Prima, und wenn wir hier noch lange stehen, bekomme ich kein Taxi und du bist dein Auto los. Weil du vermutlich mal wieder im Halteverbot stehst! Lass uns telefonieren. Falls es Ihnen recht ist, Katharina, hole ich Sie gegen neun Uhr ab?»
Katharina nickt ihm aufmunternd zu, sie ist froh, dass Hildegard Gäste für den ganzen Tag hat.
«Ich freue mich auf morgen, bis um neun.»
Die drei verabschieden sich schnell. Henrik bekommt das letzte Taxi und die beiden Freundinnen gehen zu

Hildegards Auto, das im Halteverbot steht. Katharina platzt fast vor Neugierde und die kleine Eifersucht die in ihr hochsteigt, treibt sie zu der Frage:
«Hildegard, seit wann kennst du Henrik?»
Hildegard lächelt in sich hinein.
«Na endlich fragst du, du platzt doch schon vor Neugierde, dass auch ich diesen attraktiven Mann kenne.»
«Nun sag schon, spann mich nicht auf die Folter.»
«Woher wohl schon, natürlich von meinen Touren, er hat ein wunderschönes Anwesen, ich denke, er wird es dir morgen zeigen. Lass dir auf alle Fälle den neu umgebauten unterirdischen Weinkeller zeigen, der ist so was von beeindruckend, einfach Klasse. Sein Restaurant bietet Spitzenqualität und ein paar Zimmer hat er auch. Einfach nur toll, wie er dieses Anwesen verändert hat, seitdem er es bewirtschaftet.»
«Du kommst ja so richtig ins Schwärmen, war da mal was zwischen euch?»
«Nein, nein», erwidert Hildegard ernst, «ich kenne dieses Weingut Morgenrot schon aus der Zeit seines Onkels. Heute ist es für mich ein Ort der Ruhe geworden. Wann immer ich zu Henrik komme, ob alleine oder mit meinen Gästen, habe ich nie das Gefühl, dass die Menschen stören. Wenn ich von meinen Touren sehr erschöpft bin, tanke ich dort wieder Kraft.
Manches Mal treffe ich Henrik und wir reden über Gott, wenn es seine Zeit erlaubt, oder wir essen gemeinsam zu Abend. Nach so einem Tag mit ihm fühle ich mich wie nach drei Wochen Urlaub. Henrik kennt auch Mary und

bei einem meiner Besuche, erzählte ich ihm, dass Mary krank ist.» Mary ist eine langjährige Freundin von Hildegard. Sie lernten sich bei gemeinsamen Freunden in Deutschland kennen und weil Marys Deutsch damals noch sehr zu wünschen übrig ließ, kümmerte sich Hildegard um sie. Bis Mary wieder beschloss nach Südafrika zurückzugehen, zu ihrem Vater der damals ein bisschen kränkelte. Da ging Hildegard einfach mit und begann ein neues Leben.

«Er wusste, dass Mary im Krankenhaus liegt und bald entlassen wird, da lud er uns einfach für ein paar Tage zu sich ein. So eine Art, Kururlaub, damit sie sich besser erholen kann. Das ist Henrik, als Kurzfassung beschrieben, eben ein feiner Kerl, immer für einen da.»

Hildegard bringt ihren Wagen am Straßenrand zum Stehen.

«Wir sind da, die Pension in der ich dir ein Zimmer angemietet habe, ist direkt neben meiner Wohnung. Möchtest du erst dein Zimmer begutachten? Dann kannst du zu mir kommen und wir gehen etwas in Stellenbosch bummeln oder möchtest du dich ausruhen?»

«Lass uns gemeinsam meine Sachen auf mein Zimmer bringen. Anschließend kannst du mir gerne Stellenbosch zeigen.»

Als Katharina die kleine Empfangshalle betritt, ist sie sehr überrascht, wie freundlich und hell sie eingerichtet ist. Von außen machte die Halle nicht diesen Eindruck. Hildegard klingelt kurz und eine freundliche ältere Dame kommt aus einem der hinteren Räume auf sie zu.

«Katharina, darf ich dir für die nächsten Tage deine Hauswirtin Frau de Winter vorstellen?»
Mit einem fast akzentfreien Deutsch begrüßt Frau de Winter Katharina.
«Willkommen in Stellenbosch, ich freue mich auf die nächsten Tage mit Ihnen. Einen Gast zu haben, mit dem ich mich auf Deutsch unterhalten kann, ist mir immer eine Freude. Es gibt zwar viele deutschsprachige Gäste bei uns, nur die gehen lieber in die großen vornehmen Hotels als in meine kleine Pension. Ich zeige Ihnen ihr Zimmer und auf dem Weg dorthin sagen Sie mir bitte, was Sie morgen gerne zum Frühstück möchten. Kaffee oder Tee, ein kräftiges oder mehr ein süßes Frühstück?»
Mit dem Zimmerschlüssel in der Hand nimmt sich Frau de Winter noch ein Gepäckstück und geht in Richtung Treppe, die in den ersten Stock führt.
«Machen Sie sich keine so großen Umstände für mein Frühstück, ich bin kein großer Esser morgens. Einen Kaffee und heißes Wasser, dazu ein Brötchen oder Croissant ist völlig ausreichend.»
«Aber Kindchen», noch nie hat jemand Katharina so genannt, fast mütterlich kommt das Kindchen bei ihr an. «Sie müssen doch ein ordentliches Frühstück zu sich nehmen!»
Katharina ist sehr gerührt von Frau de Winters Fürsorge. Sie schaut sich in ihrem Zimmer um.
«Ein wunderschönes Zimmer, Frau de Winter, ich fühle mich wie zu Hause. Wenn alles andere auch so schön wird, könnte es sein, dass es mir nach den zwei Wochen

schwer fällt wieder nach Hause zu fahren.» Katharina stellt ihr Gepäck in ihrem Zimmer ab. Frau de Winter schließt die Zimmertür und beide gehen zu Hildegard, die wartend in der kleinen Empfangshalle sitzt.
«So, Hildegard, du kannst mir jetzt dein schönes Stellenbosch zeigen, mein Zimmer ist wunderschön.»
«Na, dann bin ich mal auf morgen gespannt, wenn du den Tag mit Hendrik verbracht hast.»
Jetzt mischt sich auch Frau de Winter ein.
«Hildegard, sprichst du von Henrik von Gräfenstein?»
Hildegard nickt.
«Katharina hat ihn im Flugzeug kennen gelernt und da ich morgen eine Tour habe und mein Auto voll ist, nimmt er sich ihrer an.»
«So ist unser Henrik, zu allen und jedem freundlich und hilfsbereit. Was haltet ihr zwei Hübschen davon, wenn ich für heute Abend etwas zum Grillen organisiere? Wir setzen uns bei diesem schönen Wetter in meinen Garten und lassen den Tag zu dritt ausklingen oder so?»
«Ich kenne dein oder so, aber wir nehmen diese Einladung gerne an», lacht Hildegard. Auf ihrer Sightseeing-Tour kann Katharina wirklich alles wiedererkennen, von dem Henrik ihr so ausführlich erzählt hat. Nach einem kurzen Imbiss in einem kleinen Straßencafé sagt Katharina zu Hildegard:
«Bist du mir sehr böse, wenn wir jetzt zurückgehen? Ich bin einfach geschafft für den Moment. Den langen Flug und die neuen Eindrücke muss ich erst einmal verdauen. Ich würde mich gerne bis zum Abend ein wenig

ausruhen.» «Kein Problem, so kann ich mich noch ein bisschen auf meine Tour für morgen vorbereiten. Ich bezahle nur kurz unseren Imbiss.»
Fünf Minuten später sind sie wieder in Katharinas Pension. Drei Stunden hat Katharina bis zum Grillen für sich. Sie nimmt ein Bad und legt sich eingehüllt in ihren Bademantel aufs Bett. Ihren Koffer will sie morgen auspacken, schnell stellt sie noch ihren Wecker und ist in wenigen Minuten eingeschlafen.

Der Glaube weiß niemals,
wohin er geführt wird.
Aber er kennt und liebt den Einen,
der führt.

Oswald Chambers

In der Zwischenzeit hat sich Frau de Winter um das «oder so» gekümmert, sie ist bekannt für ihre Besonderheiten, um einem Abend wie diesem einen besonderen Glanz zu geben.

Nachdem die beiden verschwunden sind, geht Frau de Winter schnurstracks zu ihrem Telefon und wählt die Nummer von Henrik. Am anderen Ende meldet sich Beate, Henriks langjährige Haushälterin, die schon bei seinem Onkel tätig war.

«Hallo Beate, hier ist Henriette, ist Henrik schon eingetroffen und in deiner Nähe?»

«Ja, eingetroffen schon, nur in meiner Nähe nicht.»

«Dann richte ihm doch bitte aus, dass ich ihn für heute Abend um 19:00 Uhr zum Grillen einlade.»

Etwas nachdenklich legt Beate den Hörer auf, denn sie kennt Henriette gut. Wenn sie so kurz angebunden ist, führt sie immer was im Schilde. Beate macht sich gleich auf die Suche nach Henrik und findet ihn im Liegestuhl vor seiner Gartenhütte.

«Ach, hier steckst du. Henriette hat gerade angerufen und dich für heute Abend zum Grillen eingeladen.»

«Danke, Beate. Hör mal, geh nicht gleich wieder ins Haus, vielleicht brauche ich noch ein paar Kleinigkeiten wie Fleisch oder Fisch. Du weißt doch, sie hat doch nicht so viel, unsere Henriette.»

Henrik nimmt sein Handy aus der Hosentasche und wählt Henriettes Nummer. Wie er es sich schon gedacht hat, ist sie froh über seinen Rückruf. Henriette sprudelt gleich drauflos, sodass Beate nur noch von Henrik hört:

«Gut, ich komme schon eine Stunde früher, dann habe ich genügend Zeit, damit die Kohle gut durchgeglüht ist, bis später.»
Beate schaut Henrik fragend an.
«Was brauchst du? Vielleicht kannst du mir ihr kleines Geheimnis verraten, sie ruft dich doch nicht ohne Grund an?»
«Leider hat sie mir dieses Geheimnis auch nicht verraten, aber ich kann mir schon vorstellen, was dahintersteckt. Ich erzählte dir doch von der Dame, die den ganzen Flug über neben mir saß und schlief. Hildegard hat sie abgeholt, dämmert es jetzt bei dir?»
«Hm, du meinst, du sollst der Überraschungsgast für den heutigen Abend sein?»
«Möglich», mehr sagt Henrik nicht, «ich gehe jetzt in den Weinkeller, und du, liebe Beate, packst mir bitte ein paar Steaks und Fisch ein. Alles andere besorgt Henriette.»
Bevor sich Beate zum Gehen umdreht, kann sie sich die Bemerkung nicht verkneifen: «bin doch sehr auf morgen und diese Dame gespannt, um die so ein Geheimnis gemacht wird.»
Beate geht gleich in die Restaurantküche zum Küchenchef und sucht mit ihm gemeinsam ganz besondere Leckereien aus, denn sie möchte ihren Henrik nicht blamieren.
Eine Stunde später trifft Henrik pünktlich bei Henriette ein, die schon voller Ungeduld auf ihn gewartet hat.
«Da bist du ja endlich …»
Schmunzelnd schaut Henrik auf seine Armbanduhr und setzt sich Richtung Garten in Bewegung. Henriette winkt

ab, sie weiß genau, dass Henrik ein Pünktlichkeitsfanatiker ist und ihre Äußerung unangebracht war.

«Oh, wie ich sehe, hast du mir schon alles bereitgestellt. Meine liebe Beate hat mir ein paar Leckereien mitgegeben, und hier ist der dazu passende Wein. Ein Cabernet Sauvignon und Pinotage für die Steaks und ein Chardonnay sowie ein Sauvignon Blanc für die Fischspeisen.»

«Schön, dass du kommen konntest, Henrik, und danke für die tollen Weine. Du kannst stolz auf dieses Juwel von Beate sein, es war damals eine gute Entscheidung von deinem Onkel Benno, sie mit nach Südafrika zu nehmen.»

Pünktlich treffen die beiden Damen in dem wunderschönen Garten ein. Auch Katharina hätte nie vermutet, dass sich so was Schönes hinter diesem alten Haus verbergen könnte. Alle Augen starren auf sie, weil ihr vor lauter Bewunderung ein Schrei des Entzückens entschlüpft ist. Etwas peinlich ist es ihr dann doch, als sie bemerkt, dass man sie anstarrt. Um ihre Unsicherheit zu überspielen, meint sie nur:

«So was Schönes habe ich hier nicht vermutet.»

Henriette nimmt gleich Katharina an die Hand und sagt: «Kindchen, kommen Sie, nehmen Sie hier Platz, und später zeige ich Ihnen dann meinen Garten.»

Hildegard kümmert sich inzwischen um die Getränke. So sind die Menschen nun mal hierzulande. Wenn man von irgendjemandem eingeladen wird, hilft man einfach mit. Während Katharina Platz nimmt, wundert sie sich etwas, denn der geschmackvolle gedeckte Tisch zeigt ihr, dass

Henriette wohl noch einen Gast erwartet. Kaum hat sie diesen Gedanken zu Ende gedacht, sieht sie Henrik mit einem Korb in der Hand in den Garten kommen. Ein leichtes Strahlen ist nicht nur bei Katharina zu sehen, auch Henrik begrüßt sie mit einem Lachen. Bevor er das aber richtig tun kann, nimmt Hildegard den Korb von ihm entgegen.

«So schnell sieht man sich wieder, gleich zweimal an einem Tag, dann soll es wohl so sein. Wie sagte Oswald Chambers so schön: Der Glaube weiß niemals, wohin er geführt wird, aber er kennt und liebt den Einen, der führt.»

«Oh, oh, hier spricht mal wieder unser Philosoph», meldet sich Frau de Winter zu Wort. «Sag uns lieber, wer das hier alles essen soll, hat dir das alles Beate mitgegeben?»

Es kommt von Henrik nur ein kurzes «Ja», bevor er sich wieder seinem Fisch auf dem Grill zuwendet.

«Sie meint es halt gut.» Beate hat Henrik noch Salate und Soßen eingepackt. «Darf ich die Damen um ihre Teller bitten, verbrannter Fisch ist nicht so der Hit.»

Es wird ein gelungener Abend. Katharina interessiert sich sehr für die Familiengeschichte von Frau de Winter, die immer wieder gerne von früher erzählt. Es hängen eben so viele schöne Erinnerungen an ihrem Besitz. So braucht auch Katharina nur eine einzige Frage an Frau de Winter zu stellen. «Seit wann haben Sie denn dieses wunderschöne Haus hier, Frau de Winter?»

Und schon sprudelt es aus ihr heraus, «dieses Haus ist seit 1870 in unserem Familienbesitz und als Kind war ich sehr oft bei meinen Großeltern zu Besuch. Meine Eltern wohnten zu der Zeit noch in Deutschland und so war ich oft wochenlang bei ihnen. Wenn meine Eltern mich wieder abholen wollten, beachtete ich sie nicht. Machte mir einen Spaß daraus und fragte meine Großeltern: ‚Wer sind denn dieser Onkel und diese Tante?' ‚Es sind deine Eltern', sagte Oma entsetzt. Dieses Spielchen trieb ich einige Male, nur beim letzten Mal, als mich meine Eltern wieder abholen wollten, stand ich bitterlich weinend, mit meinem Teddybär unter dem Arm, in der Tür. Irgendwas war anders als sonst, nur wusste ich nicht, dass meine Eltern schon längst beschlossen hatten, nach Südafrika zu ziehen, da die Zeiten in Deutschland nicht ganz so rosig waren.

Meine Oma saß sonst nie zum Nachmittag strickend am Küchentisch. Den Kopf mit ihren Knüstebäckchen hebend schaute sie mich fragend an: ‚Was ist los, mein Kind? Ich glaube nicht, dass du heute traurig sein musst, denn wie es aussieht, kannst du für immer hier bleiben, auch deine Eltern werden bleiben.' Natürlich verstand ich es nicht, und so ging ich wieder in den Garten spielen, und wenn ich besonders gut aufgelegt war, kletterte ich wild wie ein Junge auf den Obstbaum – da drüben steht er noch, Katharina. Gleich daneben hatte mein Opa mir eine Schaukel hingestellt, oder ich holte mir meinen Puppenwagen, benutzte ihn aber nicht als solchen, sondern legte ihn um und er diente mir als Auto. Mein Teddy saß natürlich neben mir.» Henrik geht immer wieder zwischendurch zu seinem Grill, schwenkt sein

Fleisch und schenkt den Damen Wein nach, ohne dass es störend wirkt. Da Frau de Winter für einen Moment innehält, meldet sich Katharina zu Wort. «Heute Nachmittag habe ich schon einen Blick aus meinem Fenster in Ihren Garten geworfen und muss sagen, ein wirkliches Schmuckstück, was Sie hier haben. So geschmackvoll alles angelegt, der Teich dort drüben mit der Bank, dann die Blockhütte und diese vielen Möglichkeiten, sich hinzusetzen. Wo immer Sie sich hinsetzen, ist der Blickwinkel ein anderer, auch die Büsche und Sträucher, wie sie gewachsen sind, einfach urig. Wie schön muss es erst bei Mondschein sein.»

«Oh, oh, liebe Katharina», mischt sich Henrik ein, «ich darf Sie doch so nennen?» Katharina nickt nur.

«Jetzt haben Sie aber mitten in Henriettes Herz getroffen. Nun musst du aber noch von deinem Vagabunden Onkel Rudolph erzählen, Henriette. Denn er war es ja, der dir diesen Garten so angelegt hat, wie die Natur es wünscht.»

«Ach, mein Rudolph kam Ende der achtziger Jahre hier wirklich hereingeschneit und sah aus wie ein Vagabund, zerlumpt und verlaust, er tat mir leid. Weißt du noch, Hildegard: Du kamst gerade aus Deutschland und suchtest ein Zimmer, wie ihr beiden vor meiner Tür zusammengestoßen seid?»

«Ja, ich war entsetzt, noch nie hatte ich einen so heruntergekommenen Menschen gesehen, obwohl ich schon einiges aus Hamburg gewöhnt war. Trotzdem hast du ihn aufgenommen und stecktest ihn als Erstes in die Badewanne. Und was für ein wertvoller Mensch ist da herausgekommen. Gott hab ihn selig.» Henrik kann sich ein Lachen nicht mehr verkneifen. «Und ab da wurde deine Pension in die Villa Kunterbunt umgetauft, so erzählte es mir wenigstens mein Onkel Benno. Das war mein Onkel, immer zu Scherzen aufgelegt und nur weil dieser arme Kerl immer bunte Hemden trug, war er für ihn ein bunter Vogel. Verstanden haben die beiden sich zeitlebens prächtig.»

Nun ist Henriette nicht mehr zu bremsen, nur zu gerne gibt sie die Geschichte zum Besten, wie es mit ihr und ihrem Rudolph begann.

«Hildegard, kannst du dich noch an den ersten Abend und den nächsten Morgen erinnern? Wie er uns erzählte, dass er in der Landwirtschaft tätig war und er meinen Garten etwas unordentlich fand? Ich ihn dann auch gleich sehr kokett aufforderte, dass er bestimmt nicht ohne Bezahlung davonkommt? ‚Da Sie ja Erfahrung in Ackerbau haben, schauen Sie sich einfach um, ich vertraue Ihnen da ganz.'»

Hildegard lacht.

«Er hat aber nicht schlecht gekontert: ‚Verehrte gnädige Hausbesitzerin, ich stelle Ihnen gerne morgen meine beiden Hände zur Verfügung, als kleines Dankeschön, dass Sie mich so freundlich, aufgenommen haben. Ich werde den Garten morgen früh bei Tageslicht und Sonnenschein begutachten und mal schauen, was ich daraus zaubern kann.'

Ich sah ihn am anderen Morgen aus meinen Fenster mit irgendwelchen Gerätschaften durch das Gestrüpp ziehen.

Der Hang da drüben, Katharina, hatte es ihm als Erstes angetan und da die Sonne noch nicht die Morgenfeuchte abgetrocknet hatte, rutschte er in einem Moment der Unachtsamkeit den Hang hinunter. Es war ein Bild für Götter, wie seine Füße in der Luft schwebten. Einige Minuten verweilte er auf seinem Gesäß und pumpte nach Luft wie ein Maikäfer.»

«Liebe Hildegard, flieg du mal so in hohem Bogen durch die Luft, das Aufsetzen war für Rudolph bestimmt nicht sehr angenehm.»

«Das ist mal wieder typisch für dich, Henrik, du musst ihn auch jetzt noch in Schutz nehmen. Wer weiß, wo er mit seinen Gedanken war, ganz bestimmt nicht bei der Arbeit.»

«Na, bei Henriette, wie wir heute wissen», kommt es gleich von Henrik zurück.

«Aber mal davon abgesehen, dass diese Geschichte immer wieder sehr lustig ist, hätte er sich ganz schön mit der Sense verletzen können, und dann?»

«Stimmt schon, aber dieses Bild war wirklich zum Schreien komisch, und wie er sich dann noch umschaute, wohl mit dem Gedanken, hoffentlich hat mich keiner beobachtet. Bis Henriette ihn zum Frühstück rief, ging seine Arbeit ihm dann doch recht flott von der Hand. Oder vielleicht gerade deshalb, um ihr zu imponieren?»

«Lasst ihn mal», mischt sich Henriette ein, «er verstand schon was vom Ackerbau, Onkel Benno war immer sehr zufrieden mit seiner Arbeit. Außerdem war es auch nicht so einfach, dem langen harten Gras und den wild

wachsenden Margariten Herr zu werden. Kinder, den ganzen Abend reden wir nur von mir, und Katharina langweilt sich bestimmt zu Tode.»
«Ganz im Gegenteil, Frau de Winter, es ist mal wieder so, als wäre ich zu Hause angekommen, Wann immer ich meine Oma in den Schulferien besuchte, erzählte sie von vergangenen Tagen. Es ist seit langem wieder ein wunderbarer Abend gewesen, aber es wird jetzt Zeit für mich zu Bett zu gehen. Meine mir fehlende Nacht, der lange Flug und das gute Abendessen geben mir die richtige Bettschwere, sodass ich mich von Ihnen gerne verabschieden möchte. Danke für alles, Frau de Winter.»
«Nicht dafür, Kindchen, Schlafen Sie gut, bis morgen!»
Alle drei sehen Katharina nach, bis sie im Haus verschwunden ist. Henriette ist die Erste, die sich wieder zu Wort meldet.
«Schade, dass Katharina schon zu Bett geht, ist es wirklich ihre Müdigkeit, oder bedrückt sie etwas? Für mich hatte es diesen Anschein.»
Für eine Weile schweigen die drei und schauen in den klaren Sternenhimmel.
«Tja, das weiß ich auch nicht», sagt Hildegard dann. «Vielleicht hat sie ja Henrik auf dem Flug was erzählt?»
«Aber du hast doch gehört, dass ich ihr von unserem schönen Land erzählt habe, und den Rest hat sie geschlafen.»
«Aber wie ich dich kenne, wirst du es bald herausfinden.»
«Du machst mir vielleicht Spaß, Hildegard, mich kennt sie gerade mal ein paar Stunden und dich eine halbe

Ewigkeit.» «Henrik, willst du nicht Beate anrufen, dass du bei mir schläfst? Ich habe noch ein freies Zimmer für dich. Es ist doch schon recht spät geworden, ich wäre dann auch etwas beruhigter.»

Henrik findet, dass das eine gute Idee ist, und nimmt dankend an; auch er hat ja einen langen Flug hinter sich, und da ist ein Bett in unmittelbarer Nähe eine verlockende Aussicht.

«Hildegard, geh du schon zu dir. Henrik hilft mir eben beim Abräumen und den Rest erledige ich morgen.»

«Danke, dann wünsche ich euch beiden auch eine gute Nacht, ich für meinen Teil werde schlafen wie ein Baum.»

Katharina kann nicht gleich einschlafen, obwohl sie von der langen Reise sehr müde ist; die neuen Eindrücke halten sie noch wach. Sie ist beeindruckt, wie unkompliziert diese beiden Menschen, Henriette und Henrik, sind. Nie hat Hildegard ihr von ihnen erzählt, zwar schon mal von Grillabenden bei lieben Freunden, aber ob es diese beiden waren weiß sie nicht mehr. Mit dem Gedanken, über Henrik noch mehr zu erfahren, schläft sie dann doch endlich ein.

Der Geist ist reich, durch das, was er empfängt,
das Herz durch das, was es gibt.

Viktor Hugo

Die Sonne lächelt Katharina schon sehr früh am nächsten Morgen ins Gesicht. Im ersten Moment weiß sie gar nicht, wo sie ist, so tief und fest hat sie geschlafen. Nach ihrer Morgentoilette erlaubt sie sich noch einen kleinen Umweg durch den Garten, bevor sie zum Frühstücken geht. Irritiert schaut Katharina auf ihre Armbanduhr, denn Henrik sitzt in einer Ecke am Fenster beim Frühstück.
Henrik hat Katharina schon im Garten entdeckt und sie beobachtet. Die leichte Verwirrung nahm er ebenfalls wahr, tut aber so, als bemerkte er Katharina nicht, als sie jetzt den Frühstücksraum betritt.
«Guten Morgen, Herr von Gräfenstein, habe ich mich so verspätet? Es ist doch erst acht Uhr.» Fragend sieht sie Henrik an, der jetzt seinen Blick hebt und in ein Paar erschrockene Augen schaut.
«Nein, nein, das haben Sie ja gestern Abend nicht mehr mitbekommen, dass Henriette mich freundlich aufgefordert hat, hier zu schlafen, darum sitze ich schon hier. Aber bitte, nehmen Sie doch Platz. Henriette hat für Sie auch gleich mit eingedeckt, hier an meinem Tisch.»
«Guten Morgen, Katharina!» Henriette hat sie aus der Küche gesehen und steht mit einem duftenden Kaffee und heißem Wasser an ihrem Tisch.
«Ich hoffe, Sie haben gut geschlafen in Ihrer ersten Nacht

hier in Stellenbosch?» Während Henriette so plaudert, gießt sie den frischen Kaffee in Katharinas Tasse.
«Danke, sehr gut, wie ein Murmeltier, tief und fest, bis die Sonne mich heute Morgen weckte.»
«Da siehst du es mal wieder, Henriette, morgen sollten wir die Sonne für später bestellen. Damit deine Gäste im Urlaub länger schlafen können», scherzt Henrik.
«So ab und an ist dieser junge Mann für meinen Geschmack etwas zu vorlaut», kontert Henriette. «Bin gespannt, Katharina, wie es Ihnen mit ihm heute ergehen wird, lassen Sie sich bloß nicht alles gefallen.»
«Ach Henriette, die junge Dame kann sich ganz gut alleine wehren, diese Seite bekam ich vorgestern schon zu spüren.» Henriette kann nicht länger bei den beiden verweilen, denn weitere Gäste kommen zum Frühstück.
«Greifen Sie zu, Katharina, oder habe ich nicht die richtige Auswahl getroffen?»
«Doch, doch ...», kommt gleich ein leichter Protest zurück. Währenddessen greift sie schon in den Brotkorb und entnimmt ihm ein Brötchen.
«Ansonsten dürfen Sie gerne selbst schauen, was das Büfett für Sie noch im Angebot hat. Henriette hat das beste Frühstück in der ganzen Umgebung. Nur die reichen Schnösel, wie sie sich ausdrückt, haben nach ihrem Empfinden keinen Geschmack mehr.»
«Nein danke, Sie haben wirklich eine gute Wahl getroffen, lange bin ich nicht mehr so verwöhnt worden.»
Katharina verzieht ihr schönes Gesicht zu einem Schmunzeln. Irgendwie kommt sie ihm verändert vor,

oder liegt es an ihren leuchtenden Augen heute Morgen?
«Katharina, darf ich Sie für einen Moment alleine lassen? Frühstücken Sie nur in aller Ruhe fertig. Es dauert sowieso eine Weile bei mir. Henriette hat noch einen kleinen Auftrag für mich, den ich ihr gerne erfüllen möchte.»
«Wer mich so nett bittet, den entlasse ich gerne, gehen Sie nur.»
Henrik steht auf, macht eine leichte Verbeugung und verschwindet in Richtung Küche. Katharina ist immer noch leicht verwirrt von so viel Fürsorge, die sie seit gestern Abend umgibt. Ganz in ihre Gedanken versunken, isst sie ihr Brötchen und nimmt sich ein weiteres. Was sonst gar nicht ihre Art ist. Meistens trinkt sie in der Küche ihren Kaffee im Stehen, während sie gedanklich schon im Büro arbeitet.
Als sie ihren letzten Schluck Kaffee nimmt, bemerkt sie nicht, dass Henrik schon wieder an ihrem Tisch steht. Sie blickt gedankenverloren aus dem Fenster, aus dem Henrik sie vorhin schon beobachtet hat, in den wunderschönen Garten, der sie immer wieder aufs Neue fasziniert.
«Oh, stehen Sie schon lange hier? Ich bin fertig, wir können gerne aufbrechen.»
Sie verabschieden sich noch von Henriette, die einen Augenblick Zeit hat. Sie zieht Katharina in ihre Arme.
«Ich wünsche Ihnen einen schönen spannenden Tag mit Henrik.»
Mit einem leichten Kuss auf die Wange verabschiedet sich Henrik von Henriette, dann gehen sie in den Hof zu

seinem Wagen. Kavaliersmäßig hält er ihr die Wagentür auf. Schnell merkt Katharina, dass Henrik ein guter Fahrer ist. Ihre Angst, die sie immer beim Autofahren überkommt, verliert sich schnell. Die Autofahrt verläuft recht schweigsam, nur ab und zu schaut Katharina in ein Paar leuchtende Augen. Das bezaubernde Lächeln, mit dem Henrik ein paar kurze Erklärungen abgibt, hat etwas Besonderes. Ansonsten ist Katharina fasziniert von der wunderschönen Hügellandschaft Südafrikas.

Nach einer halben Stunde biegt Henrik in eine Eichenallee. Katharina ahnt noch nicht, was sie nach der leichten Steigung auf dem Plateau erwartet. Es ist ein herrliches Bild, wie die Sonnenstrahlen durch die dicht bedeckten Äste der Eichen blinzeln. Das alte viktorianische Haus ist von einem gepflegten Vorgarten und einem Rundparkplatz umgeben. Mitten auf dem Parkplatz steht ein beeindruckender Brunnen, über den ein Engel aus weißem Stein schützend seine Hände hält. Etwas versetzt stehen zwei Eichen vor dem weißem Haus und geben ihm eine ganz besondere Note. Dieses bizarre Bild verzaubert sie so sehr, dass sie nicht mitbekommt, wie der Wagen immer langsamer wird und hält. Erst als Henrik sagt: «Wir sind angekommen», taucht sie aus ihren Gedanken auf.

«Oh, ist das Ihr Besitz?» Mehr kann Katharina nicht hervorbringen, es verschlägt ihr buchstäblich die Sprache. Sie hat ja schon mit vielem gerechnet, aber nicht mit dieser Schönheit. Henrik steigt aus dem Wagen und öffnet Katharina die Wagentür, streckt ihr die Hand entgegen, um ihr beim Aussteigen behilflich zu sein. Anschließend bietet er ihr ganz vertraulich seinen Arm, und sie hängt sich bei ihm ein. Es ist auch gut so, denn vom Rausch dieser Schönheit ist Katharina wie benommen.

«Lassen Sie uns ein Stück zu Fuß gehen, ich möchte Ihnen noch einen ganz besonderen Blick zeigen, bevor ich Ihnen Beate vorstelle, die Perle des Hauses.»

Henrik führt Katharina auf die Rückseite seines Anwesens zu seinem Lieblingsplatz. Rechts und links liegen die Weinberge und mitten drin thront sein Anwesen, das von einem wunderschönen Bergpark umgeben ist.

«Katharina, können Sie sich diesen Blick beim Sonnenuntergang oder in der Abenddämmerung vorstellen? Wenn Sie sich etwas nach rechts drehen, sehen Sie die Bank an der Eiche, dort sitze ich abends und genieße die Ruhe in diesem Paradies.» Ganz sanft hat Henrik Katharina bei der Schulter zur Seite gedreht, sodass ihr Blick auf die Bank fällt. Diese charmante Art, die in seinen Worten und Handlungen liegt. So einen Menschen hat sie sich immer gewünscht. Ist es Zufall, dass sie Henrik ausgerechnet jetzt begegnet?

«Kommen Sie, ich zeige Ihnen später den Bergpark in aller Ausführlichkeit, jetzt sollten wir doch besser erst mal Beate begrüßen, um nicht den restlichen Tag ihren Unmut zu spüren.» Ein bisschen aufziehen will er Katharina nun doch und schmunzelt schon, als er hinzufügt:

«Aber mit solchen Dingen können Sie ja umgehen, wenn ich an unsere Begegnung im Flughafen denke.» Mit leicht schräg gelegtem Kopf sieht sie Henrik an. «Sie belieben

wohl zu scherzen, Sie wissen doch ganz genau, dass ich wenig Schlaf hatte.»
«Aber nur so kann ich Sie von diesem Ausblick wegbekommen. Ich gebe ja zu, es ist nicht sehr nett von mir, so manches Mal holt uns die Realität hart in die Gegenwart zurück.»
Henrik nimmt den Weg vorbei am Swimmingpool, der in einen saftigen grünen Rasen und umsäumt mit Buschwindröschen eingebettet ist. Dann über die Terrasse, um die herum Rosen und rund geschnittene Lorbeerbäumchen angeordnet sind. Als sie die Empfangshalle betreten, die offensichtlich durchgängig ist, kommt ihnen eine ältere, sehr elegante Dame entgegen. Katharina nimmt an, dass sie ein Gast des Hauses ist, doch plötzlich bleibt sie verwirrt stehen. Henrik begrüßt diese Dame für ihren Geschmack etwas zu intim. Aber dann fällt bei Katharina der Groschen.
Katharina hat sich Beate ganz anders vorstellt. Henrik macht die beiden Damen miteinander bekannt.
«Beate, das ist Katharina, von der ich dir gestern erzählt habe.» Beate schaut Katharina mit einem prüfenden Blick an, während sie ihr die Hand zur Begrüßung hinstreckt.
«Herzlich willkommen auf Morgenrot, mein Kind.»
Dass Katharina gleich von ihr mit mein Kind angeredet wird, schockt sie nicht mehr, die Menschen hier sind einfach anders als bei ihr zu Hause.
«Nenn mich einfach Beate, hier im Haus nennen mich alle nur beim Vornamen.» Dass Beate ihr fast majestätisch erscheint und so viel Vertrautheit von ihr ausgeht, damit

hat Katharina nun wirklich nicht gerechnet. Henrik erkundigt sich nur noch kurz bei Beate, ob etwas Dringliches anliegt.

«Sonst würde ich gerne Katharina herumführen, ihr die Weinberge zeigen ...»

Beate unterbricht ihn.

«Mein Junge, es gibt im Augenblick nichts Wichtigeres, als dich um unseren lieben Gast zu kümmern. Und außerdem werde ich auch mit den kleineren wichtigen Dingen noch fertig, so alt und gebrechlich bin ich nicht.»

«Ist schon gut, ich habe verstanden, dann sehen wir uns zum Mittagessen.»

«Das möchte ich wohl meinen, dass ihr beiden mir zum Mittagessen Gesellschaft leistet.»

Beate lächelt schon in sich hinein, sie weiß genau, was in Katharina vorgeht. Henrik sagt dann immer zu ihr: ‚Schau nicht so tief hinter die Fassade der Menschen. Es sind ihre Gedanken, die dich nichts angehen.' Auch jetzt wieder sieht sie Katharinas Gedanken, aber nicht nur die momentanen, auch die aus der Vergangenheit, die ihr schwer im Herzen liegen.

Henrik bietet Katharina seinen Arm an und schon sind sie durch die Terrassentür wieder im Freien verschwunden. Schweigend gehen sie durch den Bergpark, vorbei an wunderschön angelegten Blumenbeeten mit Azaleen, Lavendel und Buschwindröschen, die in voller Pracht stehen. Je weiter sich die beiden vom Haus entfernt haben, umso deutlicher vernimmt Katharina ein immer lauter werdendes Plätschern. Noch kann sie die Ursache nicht sehen, denn die großen Eichenbäume verdecken ihr immer noch die Sicht.

«Was ist das für ein Geräusch?», fragt sie Henrik.

«Gleich, Katharina, ein paar Schritte noch. Es ist ein Platz, wo ich nur mit ganz wenigen Menschen hingehe.»

Und dann kann Katharina auch schon den riesigen Fels sehen, der so aussieht, als würde er aus der Erde wachsen, zumindest sieht es für sie aus der Ferne so aus. Als sie näher herankommen, erblickt sie weiter unten einen großen Teich. Als sie noch ein paar Stufen hinaufsteigen, sieht Katharina, dass der Fels zwei Torbogen darstellt. Henrik stellt sich links neben Katharina und erklärt ihr, welche Bedeutung die Felsen haben.

«Was du hier siehst, Katharina», Henrik bemerkt gar nicht, dass er sie ganz vertraulich angesprochen hat, «ist ein Tempel der Winde. Er stellt eine offene Säulenhalle dar und erlaubt dem Wind hindurchzuwehen. Du kannst den Tempel auch die Göttlichkeit deiner Seele nennen. Wenn der Wind leise hierhin durchweht, kannst du die Seelen miteinander kommunizieren hören. Jetzt weißt du auch, woher das Plätschern kommt, das Wasser läuft über die terrassenartigen Stufen. Die Insel, die du im Teich siehst, ist eine umfangreiche Ansammlung von Rosen. Über die kleine Brücke, die du rechts siehst, kannst du sie auch betreten und den Rosenduft genießen.» Katharina hört Henrik sehr interessiert zu, seine sehr angenehme Stimme versetzt sie in eine ganz besondere Stimmung. Plötzlich sprudelt es aus ihr heraus, «wie ist es dir nur möglich, so eine Ruhe und Gelassenheit auszustrahlen, die auf mich

nach so kurzer Zeit des Beisammenseins überspringt?»
Auch Katharina hat die Vertrautheit unwillkürlich übernommen, und sie schaut etwas erschrocken in Henriks seelenvollen Blick. Solche Augen sind ihr noch nie bei einem Mann aufgefallen. Vielleicht liegt es auch an dem Tempel. Wie nannte Henrik ihn eben so schön? Tempel der Göttlichkeit der Seelen. Lächelnd schaut Henrik sie an. «Du brauchst mich nicht so erschrocken anschauen, es ist alles gut. Vielleicht möchte die Göttlichkeit der Seelen zwischen uns diese Verbundenheit und Vertrautheit so haben. Lassen wir uns überraschen, wo diese Reise uns hinführt, in der wir bestimmt noch viele Gedanken austauschen.» Katharina hat sich wieder gefangen.
«Diese Kulisse verbreitet bestimmt eine ganz besondere Stimmung, wenn der Mond am Himmel steht. Hast du dir schon mal überlegt, sie für deine Gäste zu nutzen, Henrik? Einen klassischen Abend mit Musik anzubieten? Unten vor dem Teich das Orchester und die Treppenstufen mit Stühlen zu bestücken, das würde doch bestimmt gern als Attraktion angenommen werden.»
«Es kommt für mich nicht in Frage, weil dieser Ort für mich was ganz Besonderes ist. Wenn meine Gäste diesen Tempel der Göttlichkeit aufsuchen, ist es für mich in Ordnung. Er soll für sie ein Ort der Ruhe sein.»
Katharina nickt nachdenklich. Henrik schaut sie aufmerksam an. «Du kannst hier bleiben, wenn du willst, und wir treffen uns zum Mittag wieder.» «Wo gehst du denn hin?» «Schau links in den Weinberg, dort sind meine

Mitarbeiter, die es gewohnt sind, mich morgens zu sehen, du kannst gerne mitkommen, wenn du möchtest.»

Irgendwas zieht Katarina magisch an, sie möchte gern etwas an diesem Ort bleiben. Sie versteht sich selber nicht. Immer noch unschlüssig vor Henrik stehend, murmelt sie nur ein kurzes «Ich bleibe noch». War das wirklich ihre Antwort, die sie da gehört hat?

«Ja, mein liebes Kind, es ist deine Antwort, schau und höre richtig hin, was Henrik dir sagt, er meint es wirklich gut mit dir.»

Henrik geht die Treppenstufen hinunter in Richtung Weinberg. Katharina sieht ihm nach, bis ein dicker Eichenbaum ihr die Sicht nimmt. Trotzdem bleibt sie noch lange regungslos stehen. Die Worte ihrer Mama klingen ihr immer noch im Ohr. Zu Hause hatte Katharina immer mal wieder das Gefühl, ihre Mama zu spüren. Aber nie hat sie es so klar und deutlich empfunden wie heute. Ist die Göttlichkeit der Seelen wirklich hier zu hören?

«Ja, Katharina, du hast richtig gespürt, ich bin an deiner Seite, wie schön, dass du mal richtig zuhörst.»

«Warum bist du so aufgebracht, Mama?»

«Wie oft habe ich versucht, dir den richtigen Weg zu weisen, dich gebeten, dich zu öffnen und deine Mauern fallen zu lassen. Jetzt hast du die Möglichkeit, mit diesem liebevollen Menschen eine Reise der Gedanken zu unternehmen, dass du für dich die wirkliche Wahrheit findest.»

«Welche Wahrheit meinst du?» «Sagte Henrik nicht etwas

von der wirklichen Wahrheit und dem Selbstschutz? Ich nannte es eben deine Mauern fallen lassen, die immer dicker geworden sind, seit die Freundschaft im Stillstand ist. Um diese Wunden der zerbrochenen Freundschaft zu heilen, musst du erst einmal die Gefühle der Wut, des Hasses und deiner Angst anzunehmen lernen. Nur so kann die Liebe, die größte Macht des Universums, dir Heilung bringen.»

«Tut mir, leid Mama, aber ich verstehe nicht, was du mir damit sagen möchtest, kannst du es mir verständlicher erklären?»

«Ganz kurz und knapp auf den Punkt gebracht, wenn du diese Freundschaft wieder in deinem Leben haben möchtest, dann fang an dich selber zu lieben. Ändere deine Gedanken, gib ihnen eine andere Richtung und hier meine ich, geh in dein Vertrauen, das du ganz tief in deinem Herzen findest. Kratz nicht nur an der Oberfläche, da findest du den Schmerz nicht.»

«Du meinst also, ich muss mich selber lieben, weil ich aus dieser Freundschaft noch offene Wunden in mir trage? Und der Weg in die Freiheit, ins Glück und in den Frieden kann nur über die Liebe stattfinden?»

«Ja, genau so!»

«Aber Mama, du weißt doch, was alles passiert ist, wie kann ich da vertrauen und vergeben? Das kann ich nicht …»

«Halt – schau dich um! Dieser Ort hat eine doppelte Bedeutung: einmal die Göttlichkeit der Seelen und dass du deine Göttlichkeit in dir selber findest. Damit lasse ich dich jetzt alleine.»

Katharina ist nun wirklich mit sich und ihren Gedanken alleine und empfindet nach einiger Zeit eine angenehme Entspannung und Ruhe in sich aufsteigen, die sie so noch nie in sich wahrgenommen hat. Sie schämt sich ihrer Tränen nicht, sie lässt es einfach geschehen. Zum ersten Mal in Katharinas Leben nimmt sie ihre Tränen ganz bewusst wahr.

Henrik kommt aus seinem Weinberg zurück und geht schnurstracks ins Restaurant, denn vermutlich wird er dort von Beate schon erwartet, die ihn auch gleich mit den Worten empfängt: «Wo ist Katharina?»

«Sie ist vermutlich noch im Tempel der Göttlichkeit, sie wollte dort einige Zeit mit sich verbringen.»

«Ach, hätte ich mir ja denken können, dass du wieder was im Schilde führst. Wollte sie das wirklich oder hast du ein bisschen nachgeholfen?»

«Tantchen, wo denkst du hin, es war ihre alleinige Entscheidung.»

«Schau mal, wer da kommt.»

Henrik dreht sich um und sieht Katharina; auf ihren Wangen bemerkt er noch eine leichte Spur von Tränen.

«Komme ich zu spät?», fragt sie, als sie die beiden entdeckt.

«Aber nein, auch ich bin gerade erst aus dem Weinberg zurückgekommen.»

Katharina wendet sich an Beate. «Könnte ich mich irgendwo etwas frisch machen?» Beate nimmt Katharina an die Hand und führt sie durch die Halle, gerade zu der großen Treppe, die in den ersten Stock führt. Die zweite Tür im Korridor öffnet sie und Katharina erblickt ein wunderschönes helles, geräumiges Gästezimmer.

«Zum Frischmachen brauche ich doch nicht so ein traumhaft schönes Zimmer! Obwohl es mich schon reizen würde, mal so exklusiv zu schlafen.»

«Katharina, ich biete dir an, hier zu bleiben, solange du möchtest.»

«Das geht doch nicht, ich habe doch mein Zimmer bei Henriette und außerdem muss ich mit Hildegard einiges ausarbeiten.»

«Papperlapapp, Hildegard wird sich freuen, wenn sie die Ausarbeitung mit dir hier machen darf. Henriette kannst du getrost mir überlassen, ich werde es ihr erklären und deine Sachen kann unser Page holen. Nun mach dich frisch, wir erwarten dich dann im Restaurant.»

Beate zieht die Tür hinter sich zu. Fünf Minuten später erscheint Katharina im Restaurant und setzt sich zu Henrik und Beate. Beide haben sie schon ein Glas Rotwein vor sich stehen. Der Kellner kommt auch gleich an den Tisch und fragt Katharina nach ihrem Wunsch. Katharina erkundigt sich bei Henrik, wie sein Vormittag verlaufen ist, nachdem der Kellner sie wieder verlassen hat.

«Danke, sehr gut.»

«Kannst du jetzt schon absehen, wie deine Weinernte dieses Jahr ausfällt?»

Henrik ist erstaunt darüber, welches Interesse sie an seiner Arbeit zeigt. Oder ist es nur ein Ablenkungsmanöver, weil

sie davon ausgeht, dass er ihre Tränen gesehen hat?
«Etwas Niederschlag könnten wir schon noch gebrauchen, damit wir einen Ertrag zwischen sechs und acht Tonnen pro Hektar erreichen. Nach dem Essen zeige ich dir gerne unseren Keller, den wir für unsere Weinproben benutzen, und wenn du magst, gehe ich mit dir in den Weinberg. Dort kann ich dir besser erklären, wie mit dem Laub gearbeitet wird, um das Sonnenlicht auszunutzen und gleichzeitig die Trauben zu beschatten und zu belüften.»
In der Zwischenzeit bringt der Kellner ihnen das Essen und Beate fragt Katharina, ob sie zu ihrem Straußensteak nun doch lieber einen Wein statt Mineralwasser haben möchte.
«Gerne, einen halbtrockenen Roten bitte. Im Übrigen habe ich mir dein Angebot hierzubleiben überlegt, Beate, wenn es dir wirklich keine Mühe macht, meine Sachen bei Henriette abholen zu lassen.»
«Oh, ich höre, ich staune, die Damen haben umdisponiert, oder führt mein Tantchen was im Schilde?»
«Henrik, nenn mich nicht immer Tantchen und im Schilde führe ich nichts, ist das nicht deine Spezialität?», kontert Beate zurück. Katharina amüsiert sich über diesen kleinen liebevollen Schlagabtausch und schaut zu Henrik, der sich seinerseits leicht amüsiert an Katharina richtet.
«Ich habe dich ja noch gar nicht gefragt, wie dein Verweilen im Tempel der Göttlichkeit war.»
«Hm, sehr aufschlussreich und etwas verwirrend, aber dennoch nicht unangenehm. Ich weiß nicht, ob ich es

erzählen kann, ohne für verrückt erklärt zu werden. Trotzdem, ich hörte meine Mama ganz klar und deutlich. Ich würde gerne mit dir darüber reden, und noch mehr über den Tempel der Göttlichkeit erfahren.»

So wie der große Ozean nur einen Geschmack hat,
den Geschmack von Salz,
so hat meine Lehre nur einen Geschmack,
den Geschmack von Freiheit

Buddha

Nach dem Essen zieht es Katharina auch gleich wieder zu diesem magischen Ort, eine Erklärung dafür findet sie im Moment nicht. Es ist schon komisch, dass so gar kein Veto der beiden zurückkam, als sie das von ihrer Mama erzählte.

«Warum sollten sie ein Veto dir gegenüber einlegen, es ist für diese beiden Menschen, die dich jetzt für einige Zeit begleiten, nichts Ungewöhnliches.»

Wieder hört Katharina die Stimme ihrer Mama.

«Ach Mama, wie schön wäre es, wenn du jetzt bei mir sein könntest.»

«Ich bin immer und überall bei dir, genieße die Zeit mit ihnen, ich habe sie dir bewusst zur Seite gestellt. Versprich mir, dass du gut zuhören wirst, was sie dir in der nächsten Zeit alles sagen werden.»

Katharina spürt, dass ihre Mama sich wieder von ihr entfernt hat, es fühlt sich an wie ein leichter Sog, der sich von ihr löst. Ihren Gedanken nachhängend, was Mama wohl mit dem Es ist für sie nichts Ungewöhnliches gemeint hat, findet Henrik sie auf der Steintreppe sitzend.

«So, da bin ich.»

Etwas erschrocken sieht Katharina auf.

«Verzeihung, es war nicht meine Absicht, dich zu erschrecken ...» Katharina winkt ab. «Ich kann es mir auch nicht erklären, warum mich hier so eine wohlige Ruhe umschließt. Die mich einfach vergessen lässt, was um mich geschieht, und mich in Gedanken versetzt, die teilweise schön, aber ebenso schmerzlich sind.»

«Dieser Ort hat für einige Menschen etwas Magisches an

sich und setzt in ihnen Impulse frei, die sie so nie für möglich gehalten haben. Es hat nichts mit Zauberei zu tun, verstehst du jetzt, Katharina, warum ich das Tor der Winde in den Tempel der Göttlichkeit unserer Seelen umgetauft habe? Weil du hier mit deiner Seele Gott am nächsten sein kannst. Nur leider verstehen es die meisten Menschen nicht, in dieser Freiheit zu leben, sie begeben sich lieber in eine Abhängigkeit ihres eigenen Egos und meinen so in Sicherheit zu sein, beschützt vor all dem Unheil.»

«Verstehe ich dich da jetzt richtig, dass wir durch unser eigenes Ego in einer Art Gefangenschaft leben, nur weil wir etwas glauben, was vielleicht doch nicht stimmt? Nur, wie komme ich aus diesem Ego heraus, zumindest ein Stückchen?»

«Lass es mich dir so erklären: Nach dem Gesetz des Kosmos sind wir frei im Handeln, Denken, Fühlen usw. Gott hat uns diesen freien Willen gegeben, den wir in Liebe leben sollen. Wer sich tagtäglich seinem Ego hingibt und sich nicht ein bisschen von seiner Seele führen lässt, muss sich nicht wundern, dass sein Leben so beschwerlich ist. Weißt du, Katharina, der Buddhismus zeigt uns, wie wir unseren Geist positiven öffnen können, um die Freude, das Glück, die Ruhe, das Selbstvertrauen und die innere Zufriedenheit zu erlangen. Geistige Klarheit und Energie, den Gleichmut im positiven Sinne und die heitere Gelassenheit zu finden. Von Buddha stammt dieser Satz, den ich mal fand, der all dies beinhaltet: So wie der große Ozean nur einen Geschmack hat, den

Geschmack von Salz, so hat meine Lehre nur einen Geschmack, den Geschmack von Freiheit.
Dies bedeutet für mich, die Freiheit zu erlangen. Ich will dir hier jetzt nicht die Lehren von Buddha erzählen, die kannst du, sofern es dich interessiert, selber lesen. Nein, ich möchte dir nur sagen, es genügt nicht, an unseren gestellten Aufgaben und Erfahrungen zu reifen. Denn richtig frei zu sein, auch in seinem Herzen, bedeutet für mich ... Buddha spricht auch von Erleuchtung, ich hingegen würde sagen: in sich eins sein und das Gefühl der Freude im Herzen spüren. Meine Lebensauffassung ist, dass es sowohl negative als auch positive Glaubenssätze gibt, die wir im unserem Leben brauchen, um im Einklang mit uns zu sein. Ohne diese beiden Pole gibt es kein Gleichgewicht in unserem Leben, genauso wie es in der Natur den Nord- und den Südpol gibt.»
Henrik sieht, wie sich Katharinas Augen so ganz allmählich mit Tränen füllen. Schweigend holt er ein Taschentuch aus der Innentasche seiner Weste und reicht es ihr.
«Verstehe ich nicht, Henrik, schon heute Vormittag ist mir das passiert, was geht hier mit mir vor?»
«Hm, es liegt zum einen an diesem Ort, es lösen sich hier schmerzliche Gedanken oder Gefühle auf, die mit diesen Gedanken zusammenhängen. Darf ich ganz ehrlich zu dir sein?» Katharina nickt nur, denn sie kämpft gegen den Strom ihrer Tränen an. «Ich zeige dir diesen Ort der Göttlichkeit bewusst, weil ich glaube, dass unsere Seelen sich kennen und wir uns bewusst in dieser Zeit treffen

sollen. Dass dein Herz in der Vergangenheit an irgendetwas gebrochen ist, was du aber so, wie es jetzt ist, nicht voraussehen konntest ... diesen Ist-Zustand lehnst du ab, nur: den Weg zu finden, es zu ändern, bereitet dir Angst und Schmerzen. Wenn du möchtest, begleite ich dich ein Stück auf dieser Reise, deine Mauern, die dich in Gefangenschaft halten, loszulassen.»

Es dauert eine ganze Weile, bis Katharina sich wieder gefangen hat und sagt: «Ja, ich habe Mist gebaut. Je länger es ist, wie es ist, desto schlechter fühle ich mich damit, diesem Menschen so Unrecht getan zu haben. Er war, nein, ich sollte sagen, er ist mir wichtig ... Nur weil ich diesen Menschen beschuldigte, etwas mitgenommen zu haben, was ich später in seinem Beisein fand, er aber nie dort hinlegen konnte ...» Katharina schluckt schwer.

«Ich weiß nicht, warum ich das getan habe, denn dieser Mensch gab mir nie einen Anlass dazu, ganz im Gegenteil. Um was ich ihn auch immer bat, ich bekam jegliche Unterstützung. Seit dieser gemeinsamen Zeit läuft nichts mehr rund in meinem Leben. Ich wollte immer so gerne eine Freundschaft haben, der ich vertrauen kann. Das war mir bei diesem Menschen möglich, trotzdem habe ich ihn verstoßen. Und nach dieser langen Zeit, da ich nichts mehr von ihm gehört habe, fange ich an ihn zu vermissen.»

«Deine Angst blockiert dich, deine Angstmauer musst du erst lernen anzunehmen, dann kannst du über die Schwelle ins Glück treten.» «Das ist ja eine tolle Antwort von dir.» «Ich merke schon, ich erkläre dir was ich damit meine. Katharina, schau dir deine Angst in aller Ruhe an. Versuche den Schmerz, der von deiner Angst ausgeht, in dir zu fühlen. Dann lass ihn mit der Angst in Liebe ziehen. Übergib ihm den Ozean und das Salz wird ihn heilen. Ich möchte dir eine Geschichte erzählen, die mir widerfahren ist, vielleicht kannst du Ähnlichkeiten darin erkennen. Vor etwa fünf Jahren lernte ich einen Menschen kennen, und wir hatten beide das Gefühl, wir kennen uns schon seit Jahren, was aber nicht sein konnte. Nur unsere Seelen waren sich schon begegnet; wenn die Seelen sich finden sollen, dann finden sie sich ob es unserem Ego passt oder nicht. Jedenfalls hatte er eine Gabe, von der ich nichts wusste, mit der Zeit lernten wir unsere Stärken und Schwächen kennen. Ich akzeptierte seine und nahm an, er würde dies genauso halten, da ich aber von seiner Gabe nichts wusste, wurden meine Schwächen immer stärker und seine Stärken immer stärker. Ich fragte mich, warum ist das so? Bis ich ihm eines Tages, es war wohl Zufall, genau zuhörte. Er sagte etwas zu mir, es ging um eine ganz bestimmte Meinungsverschiedenheit zwischen uns. Ich gab ihm einen Teil meiner Antwort und den Rest verschwieg ich. Trotzdem bekam ich den Rest meiner Antwort von ihm zu hören, ich sprach ihn aber nicht darauf an, weil ich mir nicht sicher sein konnte ob es Zufall war oder Wissen. Es passierte mir noch einige Male, dass er mir etwas sagte, was er gar nicht wissen konnte. Ich bewunderte ihn im Stillen für seine Gabe und setzte ihn auf einen Sockel, und durch diesen Sockel wurde ich immer kleiner und er immer größer. Unbewusst und doch vielleicht bewusst durch seine Gabe, kam es zur Manipulation von seiner Seite. Aus kleinen Missverständnissen wurden immer größere, uns fehlte es immer mehr an Gleichwertigkeit. Von da an richtete ich mein Augenmerk noch stärker auf meine Gedanken, versuchte sie zu kontrollieren, denn ich wollte nicht, dass diese Freundschaft zerbricht. Nur, so einfach ist es nicht, denn ich hatte immer Angst dabei und diese Angst brachte mich völlig aus dem Gleichgewicht. Ich fing an mich zu hassen, weil es mir einfach nicht gelang meine Stärke und Größe zu zeigen. Ich fragte mich, soll ich flüchten, wo ist mein Vertrauen zu mir und zu dieser Freundschaft geblieben? War es eine Prüfung, die es zu bestehen galt, oder war es nicht die richtige Zeit gewesen, als unsere Seelen sich trafen? Denn alles braucht seine Zeit.

All das waren Fragen, die ich mir immer wieder stellte. Was konnte ich tun, ich war davongelaufen, ja, Katharina, du schaust mich an, als könntest du es nicht glauben. Doch auch ich war traurig über diesen Zustand, denn das Teufelchen, mein Ego, hatte gesiegt. Führe dir immer vor Augen, dass dieses Teufelchen nicht will, dass wir Menschen glücklich werden. Wenn du das erkennst, ist dein Leben wieder schön, und du kannst in die Leichtigkeit gehen. Katharina, du kennst das doch, wenn die Sonne scheint, gibt es auch Schatten, also gibt es die Lichtengel wie auch die dunklen Engel. Ich nenne es einfach mein Teufelchen, durch diese Bezeichnung konnte ich damals gleich ein bisschen lächeln. Siehst du, auch bei dir klappt es schon mit einem kleinen Lächeln. Nur aufpassen musst du; wenn du denkst, es ist unter Kontrolle kann es durchaus sein, dass es wieder zur Hintertür hineinschlüpft.»

«Und was ist aus der Freundschaft geworden? Gibt es diesen Menschen noch?»

«Besser gesagt, wieder. Ich habe immer an diesen Menschen geglaubt und an unsere Freundschaft. Nie den Glauben und die Hoffung und die Liebe zu mir selbst aufgegeben. Es gibt so einen wunderbaren Vers aus dem Neuen Testament, Kor. 13, 4-7, der genau zu dieser Erzählung passt:

Die Liebe ist voll Geduld und Güte, die Liebe kennt keinen Neid, sie prahlt nicht und erhebt sich nicht stolz über andere, sie handelt nie rücksichtslos, kennt keine Selbstsucht, lässt sich nicht zu bitteren Worten hinreißen und trägt erlittenes Unrecht nicht nach, sie freut sich nicht, wenn das Unrecht die Oberhand gewinnt, sondern ist froh, wenn die Wahrheit den Sieg davonträgt. Sie deckt nicht anderer Leute Fehler auf, sondern sucht, sie zu entschuldigen. Sie glaubt immer nur das Beste, gibt niemals die Hoffnung auf, verliert nie den Mut.

Wie schwierig es uns auf den ersten Blick auch immer erscheinen mag, es gibt immer einen Weg aus der Sackgasse. Bleib in deinem Vertrauen und Glauben und wenn es dein sehnlichster Wunsch ist, diesem Menschen wieder zu begegnen, wird das Universum ihn dir erfüllen. Es braucht halt alles seine Zeit und auch ihr beide werdet den richtigen Zeitpunkt für euren Neubeginn finden.»

«Aber woher weiß ich, wann der richtige Zeitpunkt gekommen ist? Im Moment, glaube ich, könnte es ein ganz schlechter Zeitpunkt sein.»

«Damit könntest du richtig liegen, insofern, als da immer noch die Angstmauer um dich herum ist. All deine Gedanken, die du denkst, ob positiv oder negativ, ziehst du früher oder später in dein Leben. Ändere deinen Gedanken, versuche ihn zu kontrollieren, wende ihn zu dem, was du wirklich in deinem Leben haben möchtest, und du wirst es bekommen. Die wahre Realität, wie sie wirklich ist, und nicht das, was dein Ego dir sagt. Dann wirst du tief in deinem Seelenherz spüren, wann der richtige Zeitpunkt gekommen ist.

Die Liebe zu dir selbst findet immer einen Weg, den Menschen in dein Leben zu lassen, den du dir wünschst. Wenn die Menschen dieser Erde sich das täglich aufrufen würden, würden sie schon hier im Paradies leben. In einem Paradies mit Licht, Liebe, Harmonie und Geborgenheit, wer mag da nicht mit Freude glücklich werden? Wie heißt es im Volksmund so schön: Die Geduld ist auch eine Tugend, die Fähigkeit, geduldig zu sein, auch eine Weile mit ungestillter Sehnsucht und mit unerfüllten Wünschen zu leben. Diese Fähigkeit ist auch eng mit der Hoffnung verbunden, jede Schwierigkeit mit Gelassenheit geduldig zu ertragen. In Besonnenheit zu reagieren, jeder Situation gewachsen sein, das heißt für mich ganz persönlich, in meiner Mitte angekommen zu sein und das Glücksgefühl der Hoffnung zu spüren.»

«Henrik, so viel Input auf einmal, mir wird ganz

schwindlig, können wir eine Pause machen und du zeigst mir ein bisschen was von deinem Weinberg? Ich möchte jetzt nicht den Eindruck in dir erwecken, dass es mich nicht interessiert, im Gegenteil, es ist sehr spannend und gerne auch mehr, nur jetzt bitte eine kleine Pause. Habe auch du Geduld mit mir», lacht Katharina.

«Na, ich sehe schon, du hast mir zugehört und nicht nur hingehört, und da das so ist, sollst du auch deinen Wunsch erfüllt bekommen, zur Belohnung», kontert Henrik schmunzelnd.

«Du machst mich wirklich ganz schwindlig mit deinen Wortspielchen, mit deinem Hören, Hinhören und Zuhören, für mich klingt es alles gleich. Erklär mir dein Wortspiel bitte.»

«Du willst wirklich wissen, wie du vom Hören über das Hinhören zum aktiven Zuhören kommst?»

«Ja, wenn's geht, bitte kurz und verständlich, meine Gehirnkapazität ist fast erschöpft.»

«Also gut, Hören ohne Hinhören ist zum Beispiel, mit sich selber beschäftigt zu sein, nur sporadisch aufmerksam zu sein und dem Gespräch nur so lange zu folgen, bis du selbst reden kannst. Hinhören ohne Zuhören bedeutet, Aufnehmen, was dir ein anderer vermitteln möchte, ohne dass du dich bemühst herauszufinden, was er meint. Du bist gefühlsmäßig unbeteiligt, distanziert und abwartend. Somit entsteht fälschlicherweise beim Sprechenden der Eindruck, du würdest ihm ernsthaft zuhören.

Und nun zum Wörtchen zuhören: Es bedeutet, sich ganz in sein Gegenüber hineinzuversetzen, ihm volle

Aufmerksamkeit zu schenken und dabei nicht nur auf den Inhalt, sondern auch auf seine Zwischentöne zu achten. Durch deine Haltung und Reaktion zeigst du deinem Gegenüber, dass es für dich nichts Wichtigeres gibt als ihn. Richtiges Zuhören heißt also nicht, sich passiv zu verhalten und den anderen reden zu lassen. Fällt dir was auf, Katharina?»

«Nein, ich weiß jetzt nicht, wohin deine Gedanken zielen, aber ich habe dir schon zugehört.»

«Okay, ich erkläre es dir, gehen wir an den Anfang unseres Gespräches, wo du über deine Freundschaft gesprochen hast.»

«Entschuldige Henrik, aber ich kann beim besten Willen keinen Zusammenhang zwischen der Freundschaft und deinem Zuhören sehen.»

«Bist du dir da ganz sicher? Du sagtest, du hast Mist gebaut, mehr kam von dir nicht, das braucht es auch nicht. Denn ihr habt doch bestimmt über das eine und andere geredet? Hast du da auf die Zwischentöne gehört? Oder könnte es sein, wie es meistens abläuft im Eifer des Gefechts, dass du nur hingehört hast statt zugehört? Und so ein Missverständnis nach dem anderen entstanden ist? Wenn du es geschafft hättest zuzuhören, dann hättest du begonnen, auf jedes nicht gesagte Wort zu hören, das ist die wahre Kunst einer Konversation.

Könnte sich jetzt für dich der Kreis schließen? Denk einfach darüber nach, vielleicht kommst du deiner wirklichen Wahrheit dadurch ein Stückchen näher. Das fällt mir noch ein und passt zu deiner Freundschaft, kennst du 'Der Kleine Prinz von Antoine de Saint-Exupéry'?»

«Ja, natürlich kenne ich dieses Buch», empört sich Katharina ein wenig.

«Erinnerst du dich an den Abschnitt, wo der kleine Prinz den Fuchs zähmen soll und der Fuchs ihm am Schluss sein Geheimnis erzählt:

Man sieht nur mit dem Herzen gut, denn das Wesentliche ist für die Augen unsichtbar.

Die Zeit, die du für deine Rosen verloren hast, sie macht deine Rose so wichtig. Die Menschen haben diese Wahrheit vergessen», sagte der Fuchs. «Aber du darfst sie nicht vergessen. Du bist zeitlebens für das verantwortlich, was du dir vertraut gemacht hast. Du bist für deine Rose verantwortlich ...

Und du bist verantwortlich für deine Freundschaft. Schau mit dem Herzen, deinem Seelenherzen. Nun lass uns in den Weinberg gehen, dein schönes Köpfchen raucht schon.»

«Es brennt lichterloh. Lieber würde ich auf mein Zimmer gehen und mich etwas hinlegen, ich fühle mich völlig ausgelaugt.»

«Ich habe eine bessere Idee. Du kommst mit und ich verspreche dir, heute Nachmittag kein weiteres philosophisches Gespräch mit dir zu führen, okay?»

Am späten Nachmittag verlassen die beiden den Weinberg. Die Sonne steht immer noch recht hoch am Himmel, so ganz andes als zu Hause. Katharina schaut deshalb auch irritiert auf ihre Armbanduhr, weil ihr

Zeitgefühl sie verlassen hat. Das liegt wohl auch an Henriks Ausstrahlung. Diese Geborgenheit, die Katharina in seiner Nähe spürt, ist wie ein Angekommensein.

«Henrik, wird Beate uns jetzt böse sein, wenn ich so die Zeit betrachte? Warum nennst du sie eigentlich Tante, ich dachte, sie sei so eine Art Haushälterin?»

«Tante ist nicht so ganz richtig, ich sagte Tantchen zu ihr, hast du mir wohl nicht zugehört, nur hingehört», schmunzelt Henrik.

«Fängst du schon wieder an? Du hattest mir etwas versprochen!»

Henrik bleibt plötzlich stehen und schaut Katharina tief in die Augen. Ihm ist, als müsste er sie in seine Arme schließen, um dieses kleine Mädchen zu trösten. Dieses Bild kennt er schon von ihr, Henrik erinnert sich an den Augenblick, als Katharina die Wartezone im Flughafen betrat und sich hilfesuchend umschaute. Genau diesen Eindruck macht sie jetzt auch wieder auf ihn. Ganz vorsichtig tritt er vor und schließt sie in seine Arme.

Katharina fühlt diese wohltuende Geborgenheit in sich aufsteigen. Während sie so eng umschlungen beieinanderstehen, erzählt Henrik von seiner Tante.

«In der Zeit, als meine richtige Tante noch lebte, war Beate die Haushälterin. Nachdem meine Tante verstarb, gewann Beate mit der Zeit immer mehr an Bedeutung für meinen Onkel, und seitdem sehe ich sie als meine zweite Tante an. War das jetzt ein tiefschürfendes Gespräch für dich?» Genauso vorsichtig, wie er sie in seine Arme geschlossen hat, entlässt er Katharina wieder, die ihn nur lächelnd anschaut. Die Restaurantterrasse ist an diesem Spätnachmittag sehr gut besucht, nicht nur von den eigenen Gästen. Seit Jahren ist es bekannt, dass es den Kuchen noch aus eigener Herstellung gibt; Beate lässt es sich bis heute nicht nehmen, ihn selbst zu backen. Da Beate keinen Nachmittagsschlaf hält, besteht ihr Ritual darin, sich zum späten Nachmittag auf die Terrasse zu setzen, um dort ihren Kaffee einzunehmen. Heute ist sie allerdings in der Gesellschaft von Hildegard, die auf ihrer Tour einen kleinen Abstecher zum Weingut gemacht hat. Beide sehen schon vom Weitem Henrik und Katharina auf die Terrasse zukommen. Weil es immer noch recht voll ist, sehen die beiden Beate zunächst nicht. Erst als sie ihnen winkt, reagiert Henrik.

«Dachte ich es mir doch, dass du hier sitzt. Und wie du sehen kannst, Katharina, haben unsere Buschtrommeln mal wieder fantastisch funktioniert. Unsere Hildegard konnte es sich nicht verkneifen, noch zu uns zu kommen, um nach dem Rechten zu sehen.»

«Meine Tour ist lediglich früher zu Ende. Ich dachte mir, ich biete dir eine kleine Entlastung an. Beate hat mir gerade erzählt, dass sie Katharina angeboten hat, bei euch zu bleiben. Also von wegen Buschtrommeln!»

Henrik findet es immer sehr amüsant, wenn die Damen auf seine kleinen Scharmützel einsteigen.

«Kinder, nun setzt euch doch endlich, ihr nehmt mir meine ganze Ruhe», mahnt Beate nun doch und blickt zu Katharina, «möchtest du einen Kaffee und ein Stück Kuchen? Im Übrigen sind deine Sachen auch schon

angekommen und auf dein Zimmer gebracht worden.»
Während Henrik den Stuhl für Katharina rückt, meint er nur:
«Gib jetzt Beate keinen Korb. Erstens, weil sie ihn selber backt, und zweitens, weil dir absolut was entgehen würde.»
«Gerne nehme ich eins.»
Beate steht sofort auf, um persönlich den Kuchen für Katharina und Henrik zu holen. Der Kaffee wird von einem Kellner an ihren Tisch gebracht.
«Hildegard, ich hoffe, es ist dir recht, dass ich Beates Angebot angenommen habe?»
«Natürlich, so kann ich öfter diese Ruhe und Schönheit genießen. Ein paar Ausarbeitungen habe ich dir auch schon mitgebracht, die du dir morgen anschauen kannst. Morgen werde ich gegen Abend wieder herkommen und wir besprechen alles.»
«Hast du morgen wieder ein volles Auto, sodass du mich nicht brauchst?»
«Nun, die Herrschaften von heute haben etwas umdisponiert und mich für einen weiteren Tag gebucht. Ist mir auch ganz lieb so.»
Die vier sitzen gemütlich plaudernd den ganzen Abend zusammen, bis Katharina sich als Erste aus der Runde verabschiedet. Auf direktem Weg geht sie zur Rezeption, um ihren Zimmerschlüssel zu holen. Die freundliche Dame am Empfang hat sie schon kommen sehen und reicht ihr den Schlüssel gleich entgegen. Katharina erkundigt sich bei der Empfangsdame, ob irgendwelche

Anrufe für sie da seien. Nochmals dreht die Dame sich um und wirft einen kurzen Blick in das betreffende Fach. Es kann immer mal vorkommen, dass man eine Notiz übersieht. Aber leider ist keine Nachricht für Katharina gekommen.
«Kann ich sonst etwas für Sie tun, Frau Sommer?»
«Nein danke, oder doch. Ist die Bar schon geschlossen?»
«Nein.»
«Danke, Ihnen eine gute Nacht.»
An der Bar sitzen einige Gäste noch lachend zusammen, als Katharina sie betritt. Für das entspannte Bad mit einem Viertel Roten dazu. Der Barkeeper unterbricht sie in ihren Gedanken. Auch hier muss Beate ihre Anweisungen gegeben haben, der junge Mann spricht sie ebenfalls gleich mit ihrem Namen an.
«Guten Abend, Frau Sommer, was kann ich für Sie tun?»
Katharina bestellt sich einen Viertelliter Rotwein auf ihr Zimmer im ersten Stock. Während sie oben auf den Wein wartet, lässt sie schon mal ihr Badewasser einlaufen. Kaum hat sie ihren Bademantel übergestreift, klopft es auch schon an ihrer Zimmertür. Sie öffnet und lässt den netten Barkeeper eintreten. Er stellt alles ein bisschen dekorativ hin, Katharina gibt ihm noch schnell ein Trinkgeld und schließt die Tür hinter ihm ab. Kaum ist eine Sekunde vergangen, hört sie ihre Mama.
«Warum hast du diese Frage am Empfang gestellt, du weißt doch genau, dass dich hier niemand anruft, oder dachtest du dabei an Rudolph? Wie soll er bei eurer Funkstille wissen, dass du in Südafrika bist?» «Hm, ja,

Mama du hast recht. Er ist ein so außergewöhnlicher Mann, wie ich ihn mir immer gewünscht habe. Ich weiß, nicht, aber irgendetwas hat er, was mich immer wieder zu ihm hinzieht. Besonders heute schmunzele ich immer wieder über seine philosophischen Gedanken, seine bewegenden Worte, die mich zum Nachdenken gebracht haben. Warum begegnen mir nur immer solche Wesen, die für mich doch nicht erreichbar sind? Wenn ich nur seine innere Ruhe und Gelassenheit hätte, diese Geduld werde ich wohl nie aufbringen können. Wie liebevoll und rührend er mir immer geantwortet hat. Fast immer eine perfekte Antwort parat hatte.»

«Hallo mein Kind, hast du wieder nur hingehört? Ich fragte dich, warum hast du diese Frage gestellt, und dachte dabei an Rudolph, nicht an Henrik.»

«Doch, Mama ich habe dir zugehört und sie dir ganz kurz geantwortet, das du recht hast. Woher soll Rudolph wissen, dass ich hier bin? Wie mag es ihm wohl jetzt gehen?»

«Frag ihn doch, du bekommst deine Antwort. Wenn es auch nicht sogleich sein wird. Hier wirst du dich noch ein bisschen in Geduld üben müssen. Es kommt alles zu seiner Zeit. Auch in der Frage, warum dir immer wieder solche Wesen geschickt werden.»

«Mama, du immer mit deiner Geduld. Wie lange bekomme ich noch dieses Lernaufgabe präsentiert?»

«Bis du es endlich weißt, was Geduld heißt, oder besser ausgedrückt, bis du die Geduld zulässt.»

«Warum gehst du schon wieder, Mama?» «Es wird Zeit für

mich, schlafen zu gehen. Mein Kind, auch für dich ist es Zeit zu schlafen, dein Badewasser ist schon ganz kalt.»
Erst jetzt bemerkt Katharina, dass sie fröstelt. Sie stellt sich auf und lässt noch einmal fünf Minuten heißes Wasser über ihren Körper laufen, bevor sie sich unter die Bettdecke kuschelt. Katharina spricht sehr oft mit ihrer Mama, obwohl sie schon seit ihrer Kindheit im Jenseits ist. Durch einen tragischen Autounfall verlor sie ihre Mama. Das Band der Verbundenheit blieb zwischen ihnen bestehen. Es gibt Menschen, die schon seit Jahren im Jenseits sind, das Band aber nicht lösen können oder wollen. Hier ist es so, dass beide es noch nicht zulassen. Katharina, weil sie die Mama noch immer braucht, und die Mama, weil sie Katharina nicht in die Uferlosigkeit fallen lassen möchte. Irgendwie will es Katharina nicht gelingen, ihre Gedanken zur Ruhe zu bringen.
«Mama, warum sind die Menschen so grausam da draußen? Da denkt man, man hat einen guten Freund an seiner Seite, und nichts ist mal wieder.»
«Mein Kind, warst du immer nett zu ihm? Vergisst du jetzt nicht so einiges? Ist es nicht so: Wer ohne Schuld ist, werfe den ersten Stein? Überlege dir jetzt gut, was du machst, denn alles kommt auf dich wieder zurück. Das kennst du ja schon aus anderen Begebenheiten. Was glaubst du wohl, warum ich immer noch für dich da bin? Denk mal genau darüber nach, wenn du es kannst. Nicht immer kann ich bleiben.»
Katharina grummelt ein wenig in sich hinein, weil Mama mal wieder so hart mit ihr ins Gericht geht. Aber was

soll's, auch das vergeht wieder. Irgendwann wird sie wieder friedlich und hilft mir doch oder lässt mich machen, wie ich es will. Was würde wohl Henrik zu dem Ganzen sagen? Ob dieser adlige Herr auch so barsch wie Mama reagiert? Oder geht Henrik etwas souveräner mit mir um? Viel hat er ja heute Nachmittag nicht gesagt.
«Mein Kind, er hat eine ganze Menge gesagt. Nur, du hast nur hingehört und nicht zugehört. Richte deine Gedanken auf das, was er dir wirklich gesagt hat. Höre das, was er nicht mit Worten zu dir sagte, sondern dir mit seiner Gestik vermittelt hat.»
«Oh, ich dachte, du bist schon wieder gegangen.»
«Nein, ich bin noch da und höre alles, was du denkst, und genau das ist es, was ich dir eben sagte. Denk mal darüber nach, wann was gut ausgegangen ist und wann du Schiffbruch erleiden musstest. Aber bitte frag Henrik, ich bin gespannt, was er dir sagt.»
«Wer so liebevoll mit seiner Tante umgeht, der kann nicht so hart sein.»
Mama denkt so für sich: Habe ich doch prima hinbekommen, dass Henrik so einen großen Einfluss auf mein Kind hat.
Und zu Katharina sagt sie:
«Jetzt wird es aber wirklich Zeit für mich, und du solltest auch schlafen. Damit du morgen ausgeruht und mit frischem Verstand an Hildegards Ausarbeitung gehen kannst.»
Bevor Katharina wirklich schlafen kann, denkt sie noch an Henrik. An das Gefühl der Geborgenheit, das er ihr heute

Nachmittag, in seiner liebevollen Umarmung vermittelt hat. Wie würde Henrik jetzt sagen: Gib deinen Gedanken eine veränderte Richtung…? Bevor sie einschläft, spürt sie noch, wie ihre Mama sie leicht auf die Stirn küsst und zärtlich ihre Wange streichelt.

Die Zeit verlängert sich für diejenigen,
die sie zu nützen wissen.

Leonardo da Vinci

Beate hat gestern Abend Katharina noch ihren privaten Bereich gezeigt und wo sie frühstücken werden. Sie findet Henrik und Beate in einem angeregten Gespräch am Frühstücktisch, sodass sie Katharina nicht gleich bemerken. Katharina hört noch Henriks letzte Sätze:
«Gerne würde ich ihr behilflich sein. Nur, das Problem besteht doch darin, dass Katharina für sich die Zeit und den Raum zulassen muss. Bis dahin braucht es einige Zeit, dass sie die Klarheit und Klarsicht hat. Weißt du, Beate, erst wenn sie den Glauben an sich wiederfindet, können die Engel ihr Herz mit Liebe füllen; und mit dieser Kraft kann sie dann vergeben. Vielleicht könntest auch du ein Gespräch mit ihr führen, so von Frau zu Frau?»
«Ach, du meinst auch, ich könnte versuchen, sie um den kleinen Finger zu wickeln? Du weißt schon, was man mit aller Macht erzwingen will, kann auch als Schuss nach hinten losgehen.»
«Sicher hast du recht. Die Macht kann auch zur Ohnmacht werden und darin bestehen, sein Ziel total zu verfehlen. Anders gesagt, ich erreiche dieses Ziel, aber es wäre dann nicht von langer Dauer.»
«Genauso, Henrik, aber du bist ja reifer und erfahrener geworden. Die Besonnenheit, die du seit Jahren an den Tag legst, mit dem Glauben an das, was du tust. Gott, der in dir ist, der dich dabei führt. Seit du aus deinem Kloster zurück bist, schaffst du alles.»
Katharina macht sich mit einem kleinen Räuspern bemerkbar. Je länger die beiden miteinander sprechen und sie so dasteht, ohne dass man sie bemerkt, desto

unangenehmer wird es ihr. «Guten Morgen, wem soll ich vergeben?»

«Guten Morgen, Katharina», schießt es gleich aus Henriks Mund, in seiner Miene nicht die Spur von Verärgerung, weil sie gelauscht hat, im Gegenteil, er kommt freudestrahlend auf sie zu.

«Dir sollst du zu allererst vergeben. Wenn du das geschafft hast, kannst du auch Rudolph vergeben. In der Vergebung versteckt sich das Loslassen zu deinem Rudolph, so dass ihr eine Einigung finden könnt. Lass diese Liebe und die Kraft fließen. Stell es dir so vor wie in einem weißgoldenen Lichtstrahl, der dein Herz öffnet und für die Harmonie und den Frieden in dir sorgt. Oder lass es mich einfacher ausdrücken: Nur wenn du die Truhe geöffnet hast, kann das Gold im hellen Sonnenlicht funkeln und als wertvoll erkannt werden.»

Für einen Moment schweigt Henrik, damit Katharina seine Worte besser verinnerlichen kann. Gleichzeitig bietet er ihr einen Stuhl am Tisch an.

«Weißt du, Katharina, du machst nichts unbewusst. Erinnere dich an gestern Nachmittag, an den Tempel der Göttlichkeit. Als du mir von deinem kleinen Missgeschick erzähltest.»

Katharina setzt sich und nickt dankend für seine Fürsorge.

«Das hast du jetzt aber hübsch formuliert, es hört sich an, als wäre es nur eine Kleinigkeit.»

Henrik lacht und sagt. «Wer kämpft, kann verlieren, wer nicht kämpft, hat schon verloren! Ich verstehe mich als dein Freund. So gebe ich der jungen Dame hier nur kleine

Gedankenanstöße, denn ich weiß, du schaffst es, die kleinen Missgeschicke aus dem Weg zu räumen.»

Wie aus heiterem Himmel meldet sich Beate zu Wort. Sie hat sich dieses kleine philosophische Scharmützel der beiden gerne mit angehört und würde gerne am frühen Morgen etwas die Schwere aus dieser Philosophie nehmen. Nur gelingen wird es ihr nicht.

«Schade, dass Hildegard nicht dabei sein kann, ich glaube, es hätte ihr auch gefallen.»

«Wie meinst du das?», meldet sich Katharina.

«Hm, irgendwie hatte ich gestern Abend das Gefühl, dass wieder so ein bisschen die Schwermut in ihren Sinn kommt.»

«Ja, Tantchen, jetzt, wo du es ansprichst, fällt es mir auch wieder auf. Hildegard war auch schon lange nicht mehr hier, um ihre innere Ruhe zu finden.»

Beate schaut Henrik an.

«Da haben wir es doch. War es nicht auch so, als Mary erkrankte, dass sie für einige Zeit verschwunden war? Daher ist es schön, Katharina, dass du Hildegard unterstützt und ihr gemeinsam die Touren vorbereitet. Vielleicht ist es auch genau das, was Hildegard fehlt. Einen Menschen zu finden, dem man absolut vertrauen kann. Hildegard sitzt bestimmt schon wieder im Auto und fährt zu ihren Gästen.»

Mit einem Blick auf ihre alten Pendeluhr und einem zustimmenden Nicken schaut Beate Katharina an.

«Ihr seid schon zwei Mädels, so richtige zwei Unverbesserliche. Ihr solltet euch wirklich zusammentun.

Gut, dass Hildegard in zwei Wochen Urlaub hat.» Henrik hüstelt etwas, weil er sich an seinem Kaffee verschluckt hat.

«Beate, du heute so poetisch, bekommt dir die zauberhafte Gesellschaft nicht?»

«Nenn mir einen vernünftigen Grund, warum du mir nicht auch mal etwas Poesie zugestehen willst.»

«Nun ja, es ist doch so gar nicht deine Art. Aber es freut mich, dass mein Tantchen sich in ihrem reiferen Alter der Schönheit der Poesie öffnet.»

«Du Frechdachs und nenn mich nicht immer Tantchen. Kümmere dich lieber um unseren Gast und vergiss den Anruf nicht, dass die richtigen Weinfässer angeliefert werden.»

«Ja, Tantchen», grinst Henrik sie an, «wird gemacht. Du, Katharina, kannst ja schon nach draußen gehen? Ich finde dich bestimmt.» Er erhebt sich. «Die Damen entschuldigen mich, die Pflicht ruft.»

Katharina bleibt noch einen Moment sitzen; jetzt ist sie gespannt auf das Von-Frau-zu-Frau-Gespräch mit Beate. Nur, da kann sie lange warten. Beate ist keine Frau, die wie auf Bestellung alles gleich verrichtet. Sie steht auf dem Standpunkt, alles habe seine Zeit. Auch sie erhebt sich nun.

«Bist du noch so lieb und hilfst mir kurz beim Abräumen? Ich bin fast zu spät, denn der Küchenchef braucht meine Kräuter. Es ist ein Ritual von mir, ihm sie jeden Morgen zu bringen. Na ja, es ist mir auch heilig, meinen Kräutergarten darf niemand betreten.» Gemeinsam

räumen sie den Frühstückstisch ab, dann verschwindet Katharina ins Freie. So ganz in ihre Gedanken verloren fühlt sie wieder diesen leichten Sog aufkommen. Wie gestern, als ihre Mama sie verließ. «Katharina, mein liebes Kind, nun hast du einige Antwort auf deine gestern gestellten Fragen.»
«Mama, lass mich bloß in Ruhe, der ist ja noch schlimmer als du.»
«Vorsicht mit deinen Äuerßerungen, mein Kind ...»
«Ja, ja, ich weiß, es kommt doppelt auf mich zurück. Aber wer erlaubt ihm, so mit mir zu reden? Wo bleibt da die Gerechtigkeit? Kannst du mir das bitte erklären?»
«Was hat er denn so Schlimmes gesagt? Er hat dir doch nur mit anderen Worten das Gesetz der Anziehung erklärt. Ich erzählte dir doch von dem Gesetz der Anziehung im Universum und genau so sind deine Gedanken. Auch eben hast du wieder so schwere Gedanken gehabt. Da brauchst du dich nun wirklich nicht zu wundern, dass du mit dieser Schwere in deinem Leben zu kämpfen hast. Lass es fließen und nimm dein Leben mit Leichtigkeit. Handle erst, wenn du in Harmonie bist, dann können sich deine Wünsche und Träume auch umsetzen.
Diese Harmonie und der innere Frieden, sie müssen aus deinem tiefsten Herzen kommen. Solange du das nicht verstanden hast, wirst du nie dein Glück finden.»
«Wie soll ich das schaffen? Bei meinen immer wiederkehrenden Problemen. Was immer ich anfasse, zerbricht mir wie dünnes Glas in meinen Händen.»
«Du musst erst in deinen Gedanken Stabilität finden, sie

grundlegend ändern. Damit du sie ins Gleichgewicht bringst, dann kannst du auf die Reise gehen. Stürz dich nicht Hals über Kopf in deine Themen, so wird das nichts. Damit komme ich wieder zu dem zurück, was ich dir vor Tagen schon mal sagte. Denk nach, bevor du den Mund aufmachst und damit Menschen verletzt. Wäge den Wert deiner Gedanken genau ab, bevor du sie aussprichst. Nur so wirst du harmonische Gespräche führen. Nur wenn du dir die Zeit nimmst für deine innere Quelle, bist du mit Gott eins. Das ist dann die bewusste Harmonie, das, was du wirklich bist. Die Beziehung zwischen deinem physischen Körper im Jetzt und deiner Seele, deiner Quelle, ist die Göttlichkeit in dir.»
«Hui, das ist jetzt ein bisschen viel auf einmal, Mama. Vereinfacht ausgedrückt, wenn ich meine Gedanken mehr dem Positiven zuwende, werde ich so einen Menschen wie Rudolph wieder in meine Leben ziehen, der mir dann mit Rat und Tat zur Seite steht? Dann ist es so was wie Gedankenübertragung, wie ein Band, das durch die Luft schwingt, zu ihm und mir? Oder zu wem auch immer.»
«Richtig, mein Kind, gib deinen Gedanken, die richtige Ausrichtung und du wirst bekommen, was du möchtest. Schneller, als du denkst. So ist nun mal das kosmische Gesetz, was immer du denkst, hat sich schon im kleinsten Ansatz materialisiert. Darum achte auf deine Gedanken.»
Katharina lehnt sich in ihrem Gartenstuhl zurück und denkt über das Gesagte nach. Eigentlich wollte sie zu dem Tempel der Göttlichkeit gehen, doch nun nimmt sie in einer leicht versteckten buddhistischen Ecke Platz, die sie

im letzten Augenblick aus dem Augenwinkel wahrgenommen hat. Erst jetzt fällt ihr auf, wie schön dieses Eckchen ist. Da ihre Gedanken Henrik gegenüber ja eingangs nicht so freundlich gestimmt waren, will sie diese sofort ändern. Kein Mensch kann hart sein, der solch eine bezaubernde Gartengestaltung in sein Anwesen zaubert. Wie kann ich nur die Dinge mit Rudolph klären? Wie sagte Henrik doch so schön: Die kleinen Missgeschicke aus dem Weg räumen … Wenn er das sagt, ist es wirklich nur eine Kleinigkeit. Tut gut, einen Menschen zu kennen, der so tröstend sein kann. Denn die Unterredung mit Rudolph wird mir nicht leicht fallen, gut, dass noch so viel Zeit zwischen uns liegt. Im Inneren muss Katharina sich schon eingestehen, dass er es wirklich nicht immer einfach mit ihr gehabt hat. Sie hat noch seine traurigen Worte im Ohr … Trotzdem hätte Rudolph sich entschuldigen können, vielleicht wäre dann alles anders gekommen.

«Kommt da nicht wieder dein Trotzkopf zum Vorschein? Bist du dir wirklich sicher, dass er sich bei dir entschuldigen muss? Hör endlich mit deiner Jammerei auf und schau, wie die Wirklichkeit ist.»

Während Beate in ihrem Kräutergarten hantiert und die Kräuter für den Küchenchef zusammenstellt, geht ihr das Gespräch mit Henrik heute Morgen nicht aus dem Kopf. Sie weiß noch nicht, warum das so ist. Für sie ist es eher ungewöhnlich, sich so intensiv mit Menschen auseinanderzusetzen, die sie noch nicht lange kennt. Es kann aber auch sein, dass Katharina mit ihrer kindlichen

Art Beates Herz berührt hat. Gleichzeitig sieht Beate aber auch, dass ihre Mama nicht mehr die Kraft hat, ihrem Kind die Hilfe zu geben, die sie ihr einst geben konnte. Und aus diesem Gefühl heraus stellt sich Beate immer wieder die Frage: Darf ich hier eingreifen? Wäre es nicht Manipulation? Als sie nun den Kräuterkorb in der Küche dem Küchenchef gibt, hat sie nicht wie sonst die innere Ruhe, mit ihm den Speiseplan zu besprechen. Kaum dass sie gemeinsam ihren Kaffee getrunken haben, verlässt sie ihn auch schon wieder. Etwas irritiert und mit einem leichten Kopfschütteln schaut er Beate nach. Beate muss sich ein bisschen sammeln und dazu geht sie in ihre buddhistische Ecke. Es ist ihr Lieblingsplatz, seit Henrik diese Neugestaltung des Grundstücks vorgenommen hat. Diese Anregung brachte er aus seiner Klosterzeit mit, vom buddhistischen Mönchtum des Sangha, dem von Buddha selbst ins Leben gerufenen Orden. Beate hält einen Moment inne, als sie Katharina dort sitzen sieht. Eigentlich hat sie gedacht, dass Katharina eher zum Tempel der Göttlichkeit geht.

Katharina öffnet die Augen.

«Oh, entschuldige», stammelte sie Beate entgegen.

«Kein Problem, ich finde es schön, dass du meinen Lieblingsplatz aufgesucht hast. Nun sitzen wir beide eben gemeinsam hier.»

Beide schweigen sie wieder, bis Beate so ganz tief aus ihrem Herzen heraus sagt:

«Du bist nicht allein auf dieser Welt, schau genau hin und du wirst sie finden, die Menschen, die dir viel bedeuten

werden. Ich möchte ganz offen zu dir sein, Katharina. Es soll keine Manipulation von mir sein, denn ich glaube nicht, dass wir das Universum verbessern können. Nicht wir führen die Regie, wir werden es nie tun können. Aus meiner Erfahrung heraus empfehle ich dir, all deine Vorstellungen loszulassen. Natürlich gebe ich zu, dass es keine leichte Lernaufgabe ist. Ein Wort von Albert Einstein unterstreicht das für meine Begriffe ganz hervorragend:
Seine Religiosität liegt im verzückten Staunen über die Harmonie der Naturgesetzlichkeiten, in der sich eine so überlegene Vernunft offenbart, dass alles Sinnvolle menschlichen Denkens und Anordnens dagegen ein gänzlich nichtiger Abglanz ist. Dieses Gefühl ist das Leitmotiv seines Lebens und Strebens …
Ich sage dir das, weil nicht nur Henrik, sondern auch ich noch aus den vergangenen Tagen deine kleine Wut und die Tränen in deinen Augen sehen. Es spielt wirklich keine Rolle, ob du dich aufregst und dorthin deine Energie fließen lässt. Besser wäre es doch, Einsteins Worte verstehen zu lernen. Vereinfacht gesagt, die Jahreszeiten folgen auch immer aufeinander, so wie der Mond auf- und untergeht. Wie Ebbe und Flut aufeinander folgen. So sollten die Menschen sich auch wieder auf ihr ureigenes Leitsystem besinnen. Somit würden sie sich jeglicher Kontrollmacht entziehen, die sie manipuliert. Henriks Onkel Benno sagte vor Jahren mal zu mir: ‚Gib das Bedürfnis des Kontrollierens mal für einige Sekunden auf. Lass unser Personal einfach das tun, was es meint tun

zu müssen.' Was glaubst du, wie schwer das ist, diese Überwindungsenergie fließen zulassen? Das Personal einfach das tun zu lassen, was es will, sich gegen das Misstrauen zu stellen, dass es nicht korrekt arbeitet?
Dies bedeutet zurücktreten, sich zurücknehmen und nur noch Zeuge des Geschehens sein. Wenn dir das gelingt, wird alles andere dir wie ein Kinderspiel erscheinen. Die göttliche Energie zulassen.
Abstand nehmen von jeglicher Kritik, so findest du den Weg zu deiner eigenen Mitte.»

Henrik ist mit seiner Büroarbeit fertig und geht dann gleich zum Tempel der Göttlichkeit. Etwas überrascht ist er schon, dass er Katharina dort nicht antrifft. Nachdenklich durch seine Anlage schlendernd, vernimmt er Beates Stimme. Komisch, in der Regel nimmt Beate doch niemanden mit in ihre heilige buddhistische Ecke. Etwas neugierig geworden, mit wem wohl Beate spricht, biegt er um die Hecke. Erstaunt sieht er Beate mit Katharina vor dem buddhistischen Papillon sitzen.
«Hier also steckst du, Katharina, da kann ich dich ja lange suchen.»
«Katharina saß schon hier mit ihrer Traurigkeit, gemeinsam versuchen wir sie zu stoppen», sagt Beate. «Ich erzählte ihr, wie schwer es doch ist, sich auf sein ureigenes Leitsystem zu besinnen.»
«Hm, ja, ich weiß noch wie heute, wie entsetzt du warst, als Onkel Benno dir sagte, lass das Personal einfach machen. Wie schnell du wieder davon abgingst, als du

merktest, was er dir damit eigentlich sagen wollte.»
«Henrik, weißt du noch, um was es damals ging?»
«Um das Leergut, das den Weg immer versperrte. Die Unordnung schrie mal wieder zum Himmel, aus deiner Sicht. Natürlich hattest du recht, schon alleine wegen der Unfallgefahr. Und erst als du weniger Kritik ausübtest, wurde das Leergut jeden Abend weggeräumt. Sie haben dir auf ihre Art und Weise gezeigt, wie sie mit deiner Kritik umgehen. So ist das Gesetz der Anziehung nun mal.»
«Könnte ich dann nicht auch sagen, ich bekomme das in mein Leben, woran ich wachse und lerne?»
«So könnte man es ausdrücken.»
«Henrik, ist es dann nicht so, dass wir immer die Menschen in unser Leben bekommen, die diese Knöpfe drücken, die dann wehtun? Bis wir verstanden haben und unseren Gedanken eine neue Zielrichtung geben, sodass die Freude, die Harmonie und die Liebe zu uns fließen können?»
«So kannst du es ausdrücken, aber du hast jetzt das Wichtigste vergessen: dich selbst wertzuschätzen und als wertvoll zu erachten. Du bist dir selbst am wertvollsten.»
«Heute würde ich hinzufügen, ich habe es in der gemeinsamen Zeit mit Benno gelernt. Er hat mich wachsen lassen an seiner Seite, trotz seiner knurrigen Art. Nicht immer fiel es mir leicht, ihm zu verzeihen. Heute hört sich das alles so einfach an, aber damals ...»
«Ich denke, auch Onkel Benno war dankbar, dein Verständnis und das Vertrauen nicht verloren zu haben.»

Katharina hat die ganze Zeit still zugehört. In erster Line soll es ihr wohl irgendwie helfen, ihre Gedanken in eine bessere Richtung zu lenken. Nur wie sie den richtigen Anfang finden soll, ist ihr nicht klar. Henrik wendet sich ihr zu.

«Nun was anderes. Wie denkst du über deine Versöhnung mit Rudolph?»

«Sie gestaltet sich aus meiner Sicht als unmöglich, wenn du eine ehrliche Antwort willst.»

Beate und Henrik wechseln einen Blick. Beate zuckt leicht mit der Schulter, dann sagt sie zu Katharina.

«Du darfst den Glauben und das Vertrauen nicht verlieren, du wirst einen Weg finden. Du weißt doch, je länger der Blick ist, desto kürzer wird der Weg.»

Henrik fügt hinzu: «Die Engel sind die Boten der Göttlichkeit. Auch wenn sie uns noch so unsichtbar erscheinen, so wachen sie doch über uns. Sie begleiten uns tagtäglich, zeigen uns unseren Weg, geben uns die Hoffnung, die Kraft und die Liebe.»

Beate versteht zunächst nicht, worauf Henrik hinauswill.

«Im Moment scheine ich nicht deiner Richtung folgen zu können, es heißt doch im TAO, Kapitel 29:

Glaubst du, du könntest das Universum übernehmen und verbessern? Und weiter heißt es: Alles unter dem Himmel ist ein heiliges Gefäß und lässt sich nicht beeinflussen.»

«Aber Gott sagt auch, jeder Mensch darf glücklich werden auf dieser Erde. Er hat uns nicht den Geist gegeben, damit wir unglücklich durchs Leben gehen.»

«Dann finde du mal den richtigen Schlüssel, Henrik. Das

stelle ich mir wirklich nicht so leicht für Katharina vor.»
«Dennoch glaube ich, dass uns das Leben immer wieder neue Wege zeigt, die wir gehen können, egal ob wir sie rechts oder links herum nehmen.»
Nun mischt sich Katharina ein, denn schließlich geht es hier um ihre Freundschaft. Und sie versteht nicht im Geringsten, wovon die beiden sprechen.
«Entschuldigt bitte – wäre das denn nicht auch wieder Kontrolle oder Manipulation?», fragt sie.
Henrik schüttelt den Kopf. «Warum gleich so negativ? Manipulation ist lediglich ein Magnetismus. Oder einfacher ausgedrückt, sie ist die heilsame Energie, die eine Veränderung an Gedanken hervorrufen kann. Nein, Katharina, ich besinne mich auf meine ureigene innere Quelle, die mir die Richtung weisen wird. Ich verlasse mich vertrauensvoll darauf, dass diese innere Kraft mich führt.» Beate schmunzelt schon.
«Willst du damit etwa sagen, Katharina soll in der Meditation die Ruhe finden? Ihre Gedanken ordnen, bis hin zu ihren Wünschen, diese dann affirmieren, meinst du das so Henrik?»
«Ja, denn dann ist sie im Einklang mit dem Göttlichen und den Engeln, die sie um Führung bitten kann. Beate, kannst du dich noch an unseren Hund erinnern? Der auf jeden Spaziergänger, der einen Hund mit sich führte, losging? Und wie wir jedes Mal mit Schrecken dachten, wenn wir mit ihm Gassi gingen, hoffentlich passiert nichts?»
«Ja, Henrik, und du hast es dann mit Affirmieren

hinbekommen, nur, Hunde sind anders als Menschen.»
«Trotzdem, ich habe es geschafft, dass unser Hund mit mir ganz gemütlich Schritt ging, jeder Hundebesitzer, der uns kannte, fragte, ob wir einen neuen Hund hätten.»
So ganz allmählich versteht Katharina, wovon die beiden sprechen. Durch die intensive Unterhaltung der beiden fällt ihr wieder ihr Traum von heute Nacht ein.
«Im Übrigen hatte ich heute Nacht einen Traum. Genauer gesagt, eine Begegnung mit Rudolph. Darf ich ihn dir erzählen, Henrik? Träume haben doch so ihre Bedeutungen?»
«Wenn du ihn mir erzählen magst, versuche ich gerne, ihn für dich zu deuten.»
«Ich sah Rudolph kerzengerade hinter seinem Schreibtisch sitzen. Eine Sekunde lang schaute ich ihn an und sah, wie ihm die Tränen übers Gesicht liefen. Warum, weiß ich nicht. Dann sagte ich zu ihm: ‚Wie kannst du nur so sanft und gutmütig sein? Du erscheinst mir so groß und ich fühle mich so klein.' Er ging um seinen Schreibtisch herum und zog mich ganz sanft in seine Arme. Seine Äußerung war: ‚Du bist nicht klein, nur etwas kraftlos. Das kommt aber wieder, ganz bestimmt.' Dann wurde ich wieder in die Realität zurückgezogen. Gerne wäre ich noch geblieben, aber es war mir nicht möglich. Für den Moment war alles gesagt. Das war nach Mitternacht. Ich weiß es deshalb so genau, weil es so realistisch war und ich auf meine Uhr schaute. Gegen Morgen bekam ich eine weitere Antwort, wir standen beide in einem hellen Licht. Ich sprach mit ihm über dies und das, und plötzlich wurde

ich aus meinem Traum gerissen. Später erfuhr ich, dass Rudolph arbeiten musste. Er bat mich am Abend wiederzukommen. Und diesmal war es kein langsames Aussteigen wie beim ersten Mal. Ich wurde förmlich herausgerissen.»

Henrik sagt erst mal nichts, es scheint, als ob er angestrengt nachdenkt.

«Nun gut, Katharina, ich habe bewusst gewartet, vielleicht fällt dir selber was dazu ein. Ich staune über diesen Traum. Ich fange mal mit dem letztern Abschnitt deines Traumes an. Für mich stellt er sich so dar, dass er von der Göttlichkeit beschützt und geführt ist. Zum ersten Teil deines Traumes antworte ich dir mit einer Weisheit von Buddha:

Wir sind, was wir denken. Alles was wir sind, entsteht mit unseren Gedanken. Mit unseren Gedanken machen wir die Welt.» Katharina überlegt.

«Henrik, ich glaube, jetzt verstehe ich dich. Du meinst, wenn ich ganz tief in meinen Gedanken bin, erschaffe ich mir meine Welt.»

«Nun, wenn wir jetzt so vermessen sind, liebe Katharina, und diesen Traum auf Rudolph beziehen, wünschst du dir doch die innere Harmonie. Dein Unterbewusstsein signalisiert dir deine eigene Sehnsucht nach einer intakten Beziehung. Hier hast du deine Antwort, wonach du eben noch gesucht hast. Es ist eine göttliche Führung, die dich auf eine Reise schickt, um deine dicken Mauern aufzusprengen.»

«Henrik, wenn dies eine göttliche Führung sein soll, dann

lass uns bitte diese Reise gemeinsam gehen. Oder, noch besser, wir alle drei. Beate, hilfst du mir auch?»
Beate nickt. «Gern, soweit es in meiner Macht steht, stehe ich dir zur Verfügung.»
Nur ganz kurz an diesem Tag kommt Katharinas Mama zurück.
«Katharina, mein Kind, siehst du, nun hast du viele Antworten bekommen und das Allerwichtigste ist, du hast Menschen gefunden, die zu dir halten und in dir den Menschen sehen, der du wirklich bist.»

Ist man in kleinen Dingen nicht geduldig,
wird man in den großen Sachen scheitern.

Konfuzius

«So, meine Dame», sagte Henrik und erhebt sich als Erstes aus der gemütlichen Dreierrunde. «Ich habe noch einige Besorgungen in Stellenbosch zu erledigen. Katharina, willst du mitkommen? Beate, ich denke, zum Abendessen werden wir wieder hier sein.»
«Kinder, lasst euch Zeit. Ich habe sowieso in meinem Kräutergarten zu tun.»
Henrik schaut Katharina fragend an, die über ihre Antwort nachdenkt.
«Im Prinzip spricht nichts dagegen, ich sollte auch an Hildegards Ausarbeitung denken und sie mir anschauen. Sie will doch heute Abend kommen.»
«Warum nimmst du sie nicht einfach mit? Es gibt so wunderschöne kleine Cafés, wo du dich draußen mit einem Kaffee zum Lesen hinsetzen kannst. Vielleicht so nach einem kleinen Bummel durch Stellenbosch, oder hast du schon alles gesehen?»
«Nein, natürlich nicht», kommt etwas empört die Antwort.
«Na dann, hol deine Sachen und wir treffen uns auf dem Parkplatz bei meinem Wagen.»
Katharina erhebt sich und geht auf ihr Zimmer.
Beate lächelt Henrik entgegen.
«Gestern stand in der Tageszeitung ein Hinweis auf ein klassisches Konzert in der Kirche Moederkerk, vielleicht

hat Katharina Interesse daran.» Katharina steht schon an Henriks Wagen, als er mit zügigen Schritten auf sie zukommt. Er öffnet schnell die Beifahrertür.

«In der Kirche Moederkerk gibt es ein klassisches Konzert, hättest du Lust? Ich habe nur einen wichtigen Termin bei meiner Hausbank, dann habe ich für den Rest des Tages Zeit.»

«Ob ich Lust habe auf ein klassisches Konzert? Was für eine Frage. Vor zwei Tagen sah ich schon den Aushang, als Hildegard mir die Kirche zeigte. Ich dachte, wie schön wäre es, wenn ich es mir anhören könnte.»

«Na, dann ist der kleine Hinweis von Beate goldrichtig. Hier hast du es wieder Katharina, Gedanken sind wie Magnete. Die Macht der Gedanken ... Auch wenn sie dir im Moment noch so unrealistisch vorkommen, so sind sie doch die Realität.

Je kräftiger du deine Gedanken aussendest, desto schneller werden deine Wünsche in Erfüllung gehen. Jeden Tag sendest du hunderte von Gedanken los. Nicht alle haben die Intensität, dass sie ihre Wirkung entfalten, wie du es vielleicht möchtest. Sie halten nur an dem fest, was schon bei dir ist.

Hast du diesen Seinzustand erreicht, dann hast du auch die Verbindung zu Gott. Erinnerst du dich? Ich erklärte es dir gestern, vor dem Tempel der Göttlichkeit.»

«Das heißt im Klartext, ich bin eins mit Gott und mir gelingt mit seiner Hilfe alles. Der Glaube an Gott stärkt mein Handeln. Nur, im Moment bringt mich dein Handeln nicht weiter. Wenn ich diesen Glauben an mich und Gott auf meine etwas desolate Freundschaft beziehe, wird mir schlecht vor Angst.»

«Aber genau das ist des Pudels Kern. Du darfst nicht außer Acht lassen, dass dein Gefühl eine sehr starke Emotion mit sich bringt. Nimm deine Angst an, sonst haben deine Gedanken nicht diese magnetischen Kräfte, dass du dein Wollen auch richtig anziehst. Kein Gedanke, der nicht im Glückszustand und mit der Leichtigkeit gedacht wird, kann dieses schöpferische Potenzial erreichen. Nur wenn dein Seinzustand sich im absoluten Glück und der Leichtigkeit befindet, kannst du es machtvoll erschaffen. Dann hast du die göttliche Verbindung erreicht. Und eben hast du doch deinen exakten Beweis bekommen. Glaube in Liebe an das, was du möchtest, du wirst es bekommen.»

«Aber in jedem Leben gibt es auch Niederschläge. Und dann soll man glücklich sein, das ist völlig unmöglich.»

«Darin besteht ja die Kunst: dass du deine Gedanken nicht so sehr in die Niederschläge fließen lässt. Sie zwar zulässt für den Moment, aber dann doch, mit der reinen Energie, wieder in eine andere Richtung lenkst. Denn änderst du den Gedanken, verändert sich auch das Erschaffene. Warum sage ich wohl immer, pass auf deine Gedanken auf? Gott möchte nicht, dass du unglücklich bist. Dein Leben soll voller Freude, Zufriedenheit und in Liebe sein, dein höheres Selbst ist die Verbindung zu Gott. Wenn du das verstanden hast, kannst du auch jeden Gedanken verändern und ihm die gewünschte Richtung geben. So ziehst du das in dein Leben, was du möchtest.»

«Dann werde ich jetzt meine Gedanken verstärkt auf Stellenbosch richten, dass ich eine gute Reiseberaterin werde.»
Henrik lacht.
«Da könnte ich dir einen guten Vorschlag machen. Gleich neben meiner Bank befindet sich das Dorp-Museum. Es umfasst eine Fläche von 7.000 qm und macht den Besuchern die einzelnen historischen Baustile des Kaps anschaulich. Du kannst von Haus zu Haus gehen, Gebäude aus der Zeit zwischen 1709 und 1929 bewundern. Zwei Stunden wirst du circa brauchen, aber nimm sie dir. Wir treffen uns dann dort drüben im Café, dort können wir dann eine Kleinigkeit essen und anschließend ins Konzert.»
Katharina greift nach dem Türöffner und steigt aus dem Wagen. «Danke, Henrik, dass du mich überredet hast mitzukommen, es wird bestimmt ein schöner Tag.»
«Vielleicht waren es deine nicht ausgesprochenen Gedanken, die mich animierten dich mitzunehmen. Wenn auch nicht von dir bewusst zur Kenntnis genommen, so waren deine Gedanken doch sehr intensiv. Dein starkes Unterbewusstsein, hat sie in die richtige Richtung gelenkt. Bis später im Café.» Katharina sieht Henrik davonfahren und ihre Mama hört sie sagen:
«Es ist wirklich schön, dass du so zwei außergewöhnliche Menschen kennen lernst. Ich freue mich für dich, dass sie dich eingeladen haben, deinen Urlaub mit ihnen zu verbringen.»
«Mama, ob ich den Mut gehabt hätte, in so kurzer Zeit

eine Einladung auszusprechen, weiß ich nicht.»

«Katharina, ich weiß, dass du an deine Träume glaubst, die dir schon so manches Mal, die Zukunft zeigten, nicht immer konntest du es abwenden. Wenn du diese Freundschaft mit den beiden wunderbaren Menschen möchtest, dann sei so, wie du wirklich bist. Den Mut und die Kraft hast du, lass dich von ihnen aus deinen Mauern führen. Wie sagte Henrik: ‚Gedanken sind wie Magnete.' Ich habe immer zu dir gesagt: ‚die magnetischen Kräfte der Gedanken, die aus deinem tiefsten Inneren kommen'. Dein Unterbewusstsein hat diese Energie, es dorthin fließen zu lassen, obwohl du sie nie laut ausgesprochen hast.»

«Hm, wenn ich ehrlich zu mir selber bin, ist es dieser Mann Henrik, der irgendwas in mir bewegt hat. Vielleicht sollte ich wirklich meinen Mut zusammennehmen und meinen Gefühlen folgen, wie du es mir eben angeraten hast. Meine dicken Mauern mit diesen beiden Menschen gemeinsam zu lernen, sie zu verlassen und die Freiheit kennen zu lernen.»

Katharina betritt das Museum. Eine freundliche Dame an der Kasse spricht sie auch sogleich an.

«Sie bekommen bei mir noch ein Ticket für einen geführten Rundgang, der leider nur einmal in der Woche so stattfindet. Unser Führer John gestaltet die Führung sehr anschaulich, es lohnt sich wirklich.»

«Ja, danke, es interessiert mich sehr.»

Sie zahlt das Ticket. Der Rundgang soll in zehn Minuten beginnen. «Gleich hier am Eingang startet er», sagt die

Dame an der Kasse. «Oh, ich sehe, da kommt John bereits.» John, ein drahtiger junger Mann, kommt lachend auf die Dame an der Kasse zu.
«Na, wie sieht es heute mit meiner Führung aus, ist sie ausverkauft?»
«John, nimm bitte diese Dame mit, die anderen stehen draußen im Hof.»
Mit einem Strahlen im Gesicht begrüßt John Katharina, dann geht er voraus.
«Bevor wir mit dem Rundgang starten, möchte ich Sie nur ganz kurz auf zwei Dinge hinweisen. Wir werden fünf Häuser besichtigen, die ihnen verschiedene Baustile zeigen, aus den jeweiligen Zeitepochen. Zu den jeweiligen Häusern, gebe ich drinnen, die einzelne Erklärungen ab. Auf unserem Rundgang beachten Sie bitte die Gärten und Kräutergärten, ebenso sind diese in den einzelnen Epochen angelegt, wie sie während der Zeit üblich waren. Jetzt darf ich Sie bitten mir zu folgen.»
Während Katharina ihren Blick schweifen lässt und mit ihren Gedanken bei Henrik ist, mischt sich Mama wieder ein.
«Katharina, darf nicht einfach mal das Schicksal entscheiden? Fortuna ist dir wirklich wohlgesonnen, sie und die höheren Mächte schickten dir Henrik und Beate, sei einmal du selbst. Komm endlich aus deiner Festung heraus, nur so können deine Gefühle sich frei entfalten. Sei bereit den Ort der Macht und der Sicherheit aufzugeben, den nur du dir errichtet hast. Dein Ego will immer dein Sieger sein. Kooperiere mit Henrik und Beate,

nur durch diese vereinten Kräfte kannst du dein höchstes Wohl erreichen. Diese beiden Menschen wollen dir die Freiheit geben ohne Lügen und Manipulation, sie wollen diese Mauern bei dir durchbrechen, wie sagte Henrik: ‚Wenn Katharina will, begleiten wir sie auf ihrer Reise.' Ich bin einfach zu alt geworden, ich habe diese Kraft nicht mehr, um dir in die Freiheit zu helfen. Aber diese beiden Menschen haben sie.»

Inzwischen ist die Gruppe am Schreuder-Huis angekommen, dem ersten Haus, wo John seine Führung beginnt. Ein kurzes Winken veranlasst die Gruppe zur Aufmerksamkeit. Katharina bekommt nur einzelne Auszüge mit, die John sehr anschaulich darstellt.

«Meine Damen und Herren, wir befinden uns hier im Schreuder-Huis Haus, dem ältesten Stadthaus Südafrikas. 1709 wurde ein deutscher Söldner namens Sebastian Schröder von der Holländisch-Ostindischen Handelsgesellschaft als Verwalter der alten Mühle eingesetzt ...»

Es kommen Zwischenfragen, die aber Katharina nicht im Entferntesten wahrnimmt.

«Wie meinst du das, Mama? Warum willst du mich jetzt verlassen? Und ich soll wirklich so sein, wie du mich kennst? Das kann ich den beiden nicht antun.»

«Siehst du, schon rechtfertigst du dich wieder, geh das Wagnis ein und lass deine Scheinwelt einmal fallen. Diese beiden Menschen wollen deine Wahrheit und Klarheit. Lass deine Mauer einbrechen. Verbreite in dir Harmonie und Liebe, dann wirst auch du von deinen Mitmenschen nur Wohlwollen empfangen. Alles andere schadet dir nur, und anderen fügst du denselben Schmerz zu wie dir selbst.»

Erst als die Gruppe weitergeht, ermahnt sich Katharina. Warum gehst du eigentlich hier mit, wenn du nicht zuhörst und nur hinhörst? Jetzt muss Katharina doch tatsächlich über sich selber lachen.

«Dieses um 1789 erbaute Haus mit sechs Giebeln und einem H-förmigen Grundriss wurde ursprünglich von Henrik Lodewyk Blettermann gebaut, einem unserer letzten Friedensrichter aus der holländisch-ostindischen Kompanie. Die Innenausstattung, die Sie hier noch sehen, ist ein Zeichen des Wohlstandes, für die damalige Zeit.»

Als Katharina den Namen Henrik hört, ist es mit ihrer Konzentration wieder zu Ende.

«Wie kann ich dieses Wagnis der Ehrlichkeit eingehen, die Angst ist zu groß in mir. Ich fühle mich wie ein Vogel im freien Fall.»

«Warum willst du die dicken Mauern noch verstärken? Siehst du, auch hier wird dir Henrik wieder ins Gedächtnis geholt. Der Glaube entsteht nicht nur aus der Sicherheit heraus, aber ich verspreche dir: Wenn du dieses Wagnis der Ehrlichkeit eingehst, beginnt sich nicht nur dein Leben zu wandeln, auch du wandelst dich dann, und zwar zu einem wahrhaftigen, ehrlichen Menschen in Freiheit, Liebe und Geborgenheit. Nun, mein Kind, konzentriere dich auf deinen Rundgang, wir reden später weiter.»

«Das Grosvenor House ist ein typisches Beispiel für ein Patrizier-Stadthaus am Kap, und weitere zahlreiche

Gebäude dieser Art, standen ehemals in Stellenbosch und Kapstadt. Neoklassizistische Bauelemente, wie zum Beispiel die Pilaster, unterstreichen den Eindruck für ein wohlhabendes Bürgertum. Als die Engländer 1795 ihren Einzug in unser Land hielten, wurde natürlich ihr eigener englischer Einfluss ...»

Bis zu den beiden letzten Häusern hört Katharina erstaunlicherweise zu. Das Machtwort ihrer Mama zeigt Wirkung.

John geht hinüber zu dem Haus von O. M. Bergh, das um 1850 erbaut ist. Genau wie das Blettermanhuis hat auch dieses Haus ein Strohdach. Im 19. Jahrhundert wurde es zu dem jetzigen Erscheinungsbild umgebaut und weist einen viktorianischen Charakter auf.

«Hier meine Herrschaften, wird Ihnen dargestellt, wie unsere Archäologen historische Häuser vorfinden. Sie begutachten und sie anschließend wieder herrichten. An einigen Stellen haben wir den Verputz entfernt bzw. offen gelassen, sodass Sie die kapholländische Baukonstruktion erkennen können.»

John bleibt noch einen Moment bei der Gruppe, die weitere Fragen an ihn stellt. Nur Katharina entfernt sich von ihnen, sie hängt mit ihren Gedanken fest und zwar an dem Punkt, wo ihre Mama sagt: «Sei so, wie du bist ...»

«Mama, wie soll ich das können? Ich bin, wie ich bin.»

«Mein Kind, wer urteilt der hat seine Liebe noch nicht in seinem Inneren gefunden. Glaubst du wirklich, ich würde dich zu dieser Reise ermutigen? Was du im Herzen trägst, das ist wichtig. Nur wenn du tapfer und offenherzig zu dir selber bist, kannst du dir gestatten verletzlich zu sein. Dies verlangt von dir eine Menge Mut, deine Menschlichkeit offen darzubieten. Beginne jetzt schon damit, dich so zu geben, wie du wirklich bist. Sie finden es ohnehin heraus, sie lassen sich nicht täuschen.»

«Mama, ich will sie nicht täuschen, aber auch nicht enttäuschen.»

Weiter kommt Katharina nicht, denn sie sieht Henriks Auto aus der Straße kommen, die er ihr vorhin gezeigt hat. Er parkt vor dem Café, in dem sie sich verabredet haben. Henrik findet gleich einen Tisch, wie immer etwas abseits. Bettina, die Kellnerin, bringt ihm die Speisekarte.

«Wie immer, Henrik?»

«Hallo Bettina, ja, einen Weißwein darfst du mir schon mal bringen. Nur, heute erwarte ich noch eine Dame, dann bestellen wir zusammen.»

Das Café füllt sich langsam, und auch Katharina kommt herein. Ganz hinten in der Ecke sieht sie Henrik an einem kleinen Tisch sitzen. Er hat sich mal wieder so positioniert, dass er alles gut im Blick hat. Etwas abseits natürlich, aber das stört Katharina heute nicht. Ganz im Gegenteil, sie ist froh, nicht mitten in dem Geplauder sitzen zu müssen. Henrik erhebt sich und wartet, bis sie sich wieder gesetzt hat. Es dauert nicht lange, bis Bettina erneut an Henriks Tisch kommt, um die Bestellung der beiden entgegenzunehmen.

Beide sind sich schnell einig, nur eine Kleinigkeit zu sich zu nehmen. Denn Beate erwartet sie bestimmt zum Abendessen und da es heute ein sehr heißer Tag ist, reicht ihnen ein Salat. Henrik fragt Katharina, wie ihr der Besuch im Dorp-Museum gefallen hat.

«Danke Henrik, es war eine sehr schöne Idee. Und ich kann mit gutem Gewissen diese Reise ans Kap unseren Gästen empfehlen.» Henrik schmunzelt.

«Bist du dir wirklich sicher? Ich dachte schon, du hast dich mehr mit dir selber und deiner Mama beschäftigt.»

Katharina merkt schon wieder, wie ihr die Röte ins Gesicht steigt. Wie kann Henrik nur im Ansatz davon wissen?

«Hab ich dir nicht genau vor einer halben Stunde gesagt, sie lassen sich nicht von dir täuschen?»

Mehr kommt nicht von Mama, sie entfernt sich gleich wieder.

«Entschuldige, ich wollte dich nicht in Verlegenheit bringen», sagt Henrik.

«Ich ärgere mich nur, dass ich rot werde. Denn ja, du hast den Kern der Wahrheit getroffen, ich war gedanklich bei meiner Mama.»

Es ist das erste Mal, merkt Katharina, dass sie ohne irgendwelche Ausreden etwas zugibt.

«Sei doch einfach so, wie du bist, und urteile nicht über dich. Fang an, deine Schwächen zu lieben, dann gelangst du in die Freiheit, wie ein Vogel durch die Lüfte fliegt.»

«Warum sagst du mir das ausgerechnet jetzt, so ähnlich drückte sich meine Mama während der Führung auch aus.»

«Vielleicht, weil ich von ihr zu dir geschickt worden bin, sie mich um Unterstützung gebeten hat.» Katharina schaut

Henrik verdutzt an. Wie er das nun wieder meint?
«Katharina, denk einfach in einer ruhigen Minute darüber nach, die Gelegenheit hast du ja bei der klassischen Musik, die gleich für dich erklingt.»
«Jetzt wirst du auch noch poetisch.»
Bettina kommt an ihren Tisch, und Henrik bittet um die Rechnung.
«Im Übrigen, Katharina, habe ich mir das Plakat angeschaut, das den Hinweis gibt, dass heute eine Probe des klassischen Konzerts geboten wird. Ich hoffe, das ist für dich so in Ordnung?»
«Mach dir darüber bitte keine Gedanken, für heute ist mir alles recht. Nur bitte nichts Kompliziertes.»
«Was ist denn los? Können dich vielleicht diese zwei Karten für die Oper motivieren? Wie wäre es mit der Zauberflöte?»
Katharina bekommt einen ganz verwirrten Ausdruck.
«Ist das jetzt Zufall, weil's keine anderen gibt, oder woher weißt du, dass dies meine Lieblingsoper ist?»
«Also, um deine Frage, in der zwei stecken, zu beantworten: Du solltest langsam wissen, dass es keine Zufälle gibt. Alles was du in deinem Leben erlebst ist vorbestimmt. Ich sagte dir eingangs, denk darüber nach, warum wir uns ausgerechnet hier treffen. Vielleicht, weil ich dir geschickt worden bin!»
Das Stück zur Moederkerk-Kirche gehen sie zu Fuß. Henrik hat zwei sehr schöne Plätze in Augenschein genommen, er lässt Katharina den Vortritt. Gleich zu Anfang merkt Katharina, dass es ein sehr weiches und

sinnliches Stück ist. Dieses Stück lässt sie zum zweiten Mal, seit sie in Südafrika ist, völlig in ihre innere Ruhe kommen. Vollkommen gedankenfrei lauscht sie einfach nur der Musik.

Das letzte Stück ihres Heimwegs fährt Henrik wieder über die Allee. Ein leichter Abendwind ist aufgekommen, der dem Tag eine kleine Abkühlung verspricht. Als Katharina so in die Bäume schaut, hat es den Anschein, dass sie ihr Mut zuwinken. Hab Mut zu dem Wagnis der Ehrlichkeit, geh es ein, dir kann nichts passieren. Henrik stellt seinen Wagen auf dem Parkplatz ab, und als er Katharina beim Aussteigen hilft, erblickt sie den Mond, der ganz hell und lachend zu ihr herunterblickt. Sei unbesorgt, wir geben dir alle die Sicherheit, die du auf dieser Reise benötigst.

Wer andere versteht, hat Wissen,
wer sich selber versteht, hat Weisheit.
Andere beherrschen erfordert Kraft,
sich selbst beherrschen erfordert Stärke.
Wenn du begreifst, dass du genug hast, bist du wahrhaft
reich.

TAO, Spruch 3

Beate kommt den beiden schon in der Halle entgegen.
«Schön, dass ihr da seid. Ich habe für uns auf der Terrasse einen Tisch reservieren lassen. Macht euch schnell etwas frisch und dann lasst uns zu Abend essen.»
«Tantchen, gibt es einen besonderen Anlass, dass du so formell zu Tisch bittest?»
«Nein, das nicht, aber ich habe heute meinen ersten Spargel geerntet und dazu gibt es Springbock. Dieses besondere Ereignis würde ich gerne mit euch teilen. Henrik, du weißt doch, dass ich schon seit einiger Zeit versuche Spargel zu ziehen.»
«Tantchen und ihr Kräutergarten, aber du hast recht, das muss wirklich gewürdigt werden. Katharina, dann sollten wir Tantchen auch nicht mehr zu lange warten lassen.»
Katharina geht gleich nach oben, um sich etwas herzurichten, so langsam muss sie wirklich etwas essen.
Kann so liebevoll die Realität aussehen, wenn man beobachtet, wie diese beiden Menschen miteinander umgehen? Oder spielen die beiden ihr etwas vor, so wie sich die meisten Menschen in Katharians Leben verhalten?
«Was für absurde Gedanken Katharina? Du träumst nicht, es ist die Wirklichkeit, die du hier erlebst, vertraue ihnen, es wird eine schöne Zeit. Lass dich von den beiden in den nächsten Tagen einfach leiten, schau sie dir genau an, von ihnen kannst du viel erfahren.»
Zum Antworten kommt Katharina nicht mehr. Es klopft an ihrer Zimmertür, sie öffnet und Henrik steht vor ihr, mit einem ganz besonderen Lächeln. «Bist du fertig? Ich

würde dich gerne zum Abschluss dieses wunderschönen Tages auf die Terrasse begleiten, die heute eine ganz besondere abendliche Stimmung verbreitet.»
Katharina dreht sich nochmals in ihrem Zimmer um, ob sie auch nichts vergessen hat.
«Ja, wir können gehen.»
Beate unterhält sich mit dem Oberkellner. In dem Augenblick, indem sie die beiden sieht, beendet sie ihr Gespräch. Wenige Minuten später kommt der Ober und fragt die drei nach ihrem Getränkewunsch. Genauso unauffällig, wie er gekommen ist, geht er auch wieder. Die drei nehmen sich etwas Zeit, in ihre Ruhe zu kommen und diese abendliche Atmosphäre in sich aufzunehmen. Henrik beobachtet die beiden Damen aus dem Augenwinkel. Katharina versinkt ins Uferlose, unsicher, wohin sie die Reise führt. Beate ist sich nicht ganz schlüssig, ob sie Katharina aus ihrer Uferlosigkeit jetzt herausholen kann. Doch dann, wie von irgendetwas geführt, legt sie ihre Hand auf Katharinas Arm. Katharina, durch Beate ihrer weiten Ferne entrissen, zuckt sie zusammen.
«Wie war dein Tag?», fragt Beate sie. «Und, was mich besonders interessiert, die Konzertprobe?»
«Ach, sehr schön ... Ich beschäftige mich allerdings mehr mit der Frage: Wie kann es sein, dass ihr mir ähnlich antwortet wie meine Mama? Besonders euere liebenswerte Art, nie bekomme ich das Gefühl, es auch wirklich tun zu müssen, um euch nicht zu verstimmen. Ich glaube, wenn ich die Entscheidung getroffen hätte, deine Einladung

nicht anzunehmen, Beate, wäre es für dich genauso in Ordnung gewesen.» Beate und Henrik können ihr Schmunzeln nicht ganz verbergen.
«Habe ich was Falsches gesagt?»
«Nein, nein. Sieh mal, genau das ist die Kunst, den Menschen das Gefühl der Freiheit zu geben. Wie der Vogel im Wind seine Freiheit hat. Gott hat uns den freien Geist gegeben, damit wir uns frei entscheiden können. Darum sollten wir diese Möglichkeit auch nutzen. Was es mit der Mauer auf sich hat, zeigen wir dir auf dieser Reise. Sofern du dich darauf mit uns einlassen möchtest.»
«Henrik, wie kommst du jetzt wieder auf die Mauer, ich habe doch kein Wort davon gesagt?» Henrik schaut Katharina nur an. «Hast du wirklich nicht von der Mauer gesprochen?»
«Nein, bestimmt nicht, ich bin mir absolut sicher.»
«Das ist die Realität deiner Gedanken. Dein Ego bestimmt deine Gedanken. Aber die Wahrheit ist doch, dass dich das Wort Mauer auf dieser Reise sehr bewegt. Höre nicht nur in dich hinein, höre zu, was dein Inneres zu dir sagt. Das ist die Wahrheit, und sie kann zur Realität werden.»
Henrik gibt dem Oberkellner ein Zeichen, dass er mit dem Servieren des Essens beginnen darf. Nachdem sich der Oberkellner wieder entfernt hat, meint Katharina:
«Im Moment kann ich nur danke sagen. Dass es euch gibt, für eine kurze Wegbegleitung in meinem Leben. Es ist eine ganz neue Erfahrung für mich, dass eine Freundschaft so aussehen kann. Die bisherigen Freundschaften wollte ich immer formen, was meistens

danebenging. Jetzt lasse ich mich auf eine liebevolle Art von euch formen.» Beate blickt zu Henrik, sie weiß genau, dass er das nicht so stehen lassen kann. Henrik hat Katharina sehr aufmerksam zugehört, und nachdem sie geendet hat, fragt er:
«Wie kommst du darauf, dass Freundschaften formbar sind? Menschen sind nicht formbar, auch wir wollen dich nicht formen. Der Mensch ist so, wie er ist, und das gilt auch für dich. Nur du ganz alleine kannst dich formen, wenn du dieses Wort so benutzen möchtest. Was wir gerne mit dir gemeinsam möchten, ist, begleitend an deiner Seite zu sein. Wir können nur versuchen – das setzt aber voraus, dass du es möchtest –, dir behilflich zu sein, deine Gedanken in eine veränderte Richtung zu lenken. Wenn du das verstanden hast, dass die Menschen so sind, wie sie sind, und dass du sie nicht formen oder verändern kannst, dann kannst du auch von Freundschaft sprechen. Weil du der Freundschaft dann die Freiräume gibst, die sie braucht. Da wir gerade so intensiv über die Freundschaft philosophieren, fällt mir ein Spruch aus dem TAO ein, ich zitiere es dir kurz Katharina;
Wer andere versteht, hat Wissen, wer sich selber versteht, hat Weisheit.
Andere beherrschen erfordert Kraft, sich selbst beherrschen erfordert Stärke.
Wenn du begreifst, dass du genug hast, bist du wahrhaft reich.
Wenn nur einige Eigenschaften auf eure zerbrochene Freundschaft zutreffen, dann ist dieser Mensch es immer

wert, mit ihm ein Gespräch herbeizuführen. Wenn sich der Sturm in dir gelegt hat, die Zeit der Ruhe in Vergebung mit der Liebe und Güte sich vereinigen lässt.»
Katharina fällt so schnell keine passende Antwort ein, zumal sich auch Mama zu Wort meldet.
«Siehst du, mein Kind, genau das ist es, was ich dir immer versuchte zu erklären. Warst du dir zu dieser Zeit wirklich sicher, so eine Freundschaft einzugehen? Oder bist du von falschen Voraussetzungen ausgegangen? Weil du nicht alleine sein wolltest, aber das sind keine guten Voraussetzungen für eine Freundschaft, und für eine Partnerschaft sowieso nicht. Der Partner ist nicht dafür da, dir deine Einsamkeit zu vertreiben und dich glücklich zu machen. Es ist ganz alleine deine Aufgabe, dich zu lieben, damit du glücklich sein kannst. Dir selbst ein Gefühl der Geborgenheit zu vermitteln, das ist die Kunst des Lebens. Henrik stellt dir indirekt einige Fragen mit seinem zitierten TAO Spruch. Du solltest es dir wirklich zu Herzen nehmen, schau genau hin, ob dich dein Ego noch mehr in die Irre führt. Oder willst du die Wirklichkeit erkennen? Du kannst keine Lebensfreundschaft formen, dies würde ja im Umkehrschluss bedeuten, du formst dir den Menschen, so wie es dir gefällt. Hier schließt sich der Kreis wieder, denn dann wäre es Manipulation, die du Rudolph vorgeworfen hast. Und jetzt denk wirklich mal scharf nach, wo dein Ego dich manipuliert hat. Wie heißt es im letzten Absatz des Gedichtes: ‚Wenn du begreifst, dass du genug hast, bist du wahrhaft reich.' Schau in deinen Spiegel und du wirst

vieles erkennen. So zieht es sich doch durch dein ganzes Leben hindurch. Wenn du wirklich etwas verändern willst, dann ändere dich selber, nicht die anderen. Hast du jemals versucht dich ganz still in eine Ecke zu setzen und mit dir alleine zu sein? Immer wieder habe ich dich darum gebeten, es zu üben. Lebe für dich wirklich mal ganz alleine, dann bist du auch bereit, eine wirkliche Freundschaft einzugehen.» Henrik holt Katharina wieder zurück in die Realität.

«Ich hoffe, ich habe dich jetzt nicht verschreckt oder gekränkt mit meinen Äußerungen, es ist nicht böse gemeint.» Sie schüttelt den Kopf.

«Dein Gedicht bringt mich nur zum Nachdenken, entschuldige meine Unhöflichkeit.»

«Lass nur, mein Mädchen», schaltet sich Beate ein, «sei einfach so, wie du bist. Denn dann kann deine Mauer, die du um dich errichtet hast, sich in Wohlgefallen auflösen. Dein Selbstvertrauen erwacht in göttlicher Liebe, so erkennst du die wirkliche Wahrheit in dir. Weißt du, zum Krieg führen gehören immer zwei, zum Friedenschließen genügt einer.»

Katharina wird sehr nachdenklich, für den Rest des Abends und löst als Erste die Runde auf. Sie möchte alleine sein, die Abendluft ist viel zu schön, um jetzt schon zu Bett zu gehen. Auf der Suche nach einem geeigneten Plätzchen, streift Katharina durchs Gelände, strahlend scheint der Mond vom Himmel und zeigt ihr den Weg. Plötzlich steht sie vor der dicken Eiche mit der Bank darunter, die Henrik ihr am ersten Tag gezeigt hat.

Katharina nimmt zum ersten Mal diese Stille wahr, die von der Abenddämmerung in diesem Tal ausgeht. Der Blick, der ins Unendliche geht, lässt sie so ganz langsam zur ihrer inneren Ruhe kommen.
«Ich finde es schön, dass du dich ein Stück aus deiner Mauer bewegst», hört sie ihre Mama sagen. «Zeig deine Ängste, damit zeigt du auch deine Größe, die in dir steckt. Zeig dich einmal so, wie du wirklich bist, mir zuliebe, und ich verspreche dir, dein Leben wird sich ändern, du wirst es nicht bereuen, diese Reise unternommen zu haben. Auch wenn diese Reise sehr turbulent gestartet ist, am Ende wird sie für dich eine glückliche Wendung nehmen. Denn diese beiden verstehen dich besser, als ich es je konnte.»
«Mama, das ist nicht wahr, du bist die, die ich in meinem Leben am meisten geliebt habe. Irgendwie klingt deine Stimme heute so melancholisch.»
«Vielleicht, weil ich alt und müde geworden bin, über die Jahre hinweg, die ich dich begleitet habe. Deshalb ist es gut, dass du Beate und Henrik lieb gewonnen hast.»
Henrik und Beate sitzen noch zusammen, nachdem Katharina sich für den Abend verabschiedet hat. Henrik erzählt Beate ein wenig von seinem Tag mit Katharina. Ihn zieht es in die leicht abgekühlte Nacht nach draußen. Bevor er aber auf die Suche nach Katharina geht, macht er einen kurzen Abstecher in seinen Weinkeller und wählt einen besonders guten Rotwein aus. Sein Gefühl sagt ihm, dass sie noch nicht zu Bett gegangen sein kann. Er schnappt sich noch zwei Weingläser und den

danebenliegenden Flaschenöffner, dann knipst er das Licht wieder aus und geht zu seiner Eiche. Schon von Weitem sieht Henrik Katharina auf seiner Bank sitzen, vorsichtig, um sie nicht zu erschrecken, nähert er sich ihr.
«Ist das nicht eine wunderschöne Nacht, Katharina? Mein Gefühl sagte mir, dass du diese Mondnacht genießen wirst und ich dich hier finden werde. Schau mal, was ich uns mitgebracht habe.»
«Diese Gedanken hatte ich genau vor zwei Tagen, als du mir diesen Platz zeigtest.» Henrik setzt sich neben sie, reicht ihr die Weingläser und öffnet die Wein Flasche. Sie stoßen an und lauschen schweigend in die laue Nacht. Über eine Stunde sitzt Katharina mit Henrik schweigend zusammen. Der Blick auf ihre Armbanduhr lässt sie erschrecken. Sie kann es nicht fassen, dass sie bereits über eine Stunde mit Henrik in aller Stille auf der Bank sitzt. Henrik schaut Katharina an, der Mond steht jetzt genau hinter ihr und bildet den Rahmen eines wunderschönen Porträts.
«Katharina, ‚wer die Stille sucht, findet die Ruhe in seinem Herzen'. Wenn es für dich an der Zeit ist, kommt die Ruhe und die Stille zu dir von ganz alleine. Wir haben doch Zeit, was bedeutet schon Zeit? Zeit ist doch so relativ, nur, wir Menschen setzen uns immer wieder unter Zeitdruck, das Universum kennt diese Begrenzung der Zeit nicht.»
«Trotzdem, ich habe das noch nie an mir erfahren, immer in der Hetze, alles schaffen zu wollen. Wie kannst du nur diese Ruhe haben, du als Geschäftsmann?» «Ich habe die

richtige Zeit und den richtigen Ort gefunden, um in die Stille zu gehen. Auch ich war rastlos so wie du, doch ab einen bestimmten Zeitpunkt sagte ich mir, so geht es nicht mehr. Ich beschloss in ein Kloster zu gehen, für ein Jahr, um das zu finden wonach ich immer gesucht habe.»
«Und was war das?»
«Mich zu finden, wer ich wirklich bin. In dieser Zeit fand ich eben diese Stille, die mir die Ruhe in meinem Herzen gab. Es brauchte halt alles seine Zeit und Menschen, die mich unterstützt haben. All das bekommst du, wenn die Zeit bereit für dich ist und du bereit bist für diese Zeit.»
«Ich habe es zum ersten Mal genossen, hier einfach schweigend mit dir zu sitzen ... Ich merke jetzt, wie erschöpft ich doch bin. Lass uns für heute Schluss machen.»
«Ja, Katharina, wir haben alle Zeit dieser Welt.»
Henrik nimmt die Weingläser und die Flasche, gemeinsam gehen sie zum Haus, wo sich ihre Wege trennen. Katharina entfernt noch schnell ihr Make-up und wünscht sich nur noch ins Bett zu gehen, aber bevor sie dass kann, hört sie ihre Mama sagen:
«Ich bin wirlich stolz auf dich, du hast heute eine Menge gelernt und zum ersten Mal hast du ganz still mit dir alleine verbracht.»
«Mama, es war ein schöner Tag, vielleicht der schönste in meinem Leben. Dieses Glück der Zufriedenheit ist ein sehr schönes Gefühl für mich. Ich wünsche dir eine gute Nacht Mama, schlaf gut, bis morgen.»

Wie sich Sonne und Mond nicht im trüben Wasser widerspiegeln können, so kann sich der Allmächtige nicht in deinem Herzen widerspiegeln, das von der Idee des «ich» und «mein» getrübt ist.

Ramakrishna

Katharina wird von einem aromatischen Kaffeeduft geweckt, in den sich ein vertrauter süßlicher Duft mischt. In ihrer Kinderzeit backte ihre Mama sonntags immer einen Käsekuchen, genauso ein Duft stieg ihr in die Nase. Oh, wie schön wäre es, jetzt einen Kaffee mit einem frisch gebackenen Käsekuchen zu bekommen. Aber woher soll Beate ihre Vorlieben für Käsekuchen kennen, na ja, zu Hause gibt es ihn dann wieder.

Das Glückgefühl, das sie gestern Abend in sich gespürt hat, ist immer noch da. Auch ihr Spiegelbild im Badezimmer zeigt ihr dieses Glück, zum ersten Mal nimmt sie es bewusst wahr. Das Spiegelbild aus dem Gedicht fällt ihr wieder ein, so hat sie sich nie gesehen in der gemeinsamen Zeit mit Rudolph.

«Ja mein Kind, du hast einiges nicht gesehen, oder es falsch interpretiert, so wie du es für dich wolltest. Das Spiegelbild zeigt dir in dieser Zeit ganz genau, wer und wie du bist.»

«Guten Morgen, Mama, ich weiß, ich habe einiges falsch gemacht.»

Nach einer ausgiebigen Morgentoilette, die nur knapp eine halbe Stunde dauert, geht Katharina hinunter ins Restaurant, wo sie glaubt ihre Gastgeber anzutreffen. Der Oberkellner von gestern Abend ist schon wieder im Dienst, und er sieht Katharinas suchenden Blick.

«Frau Sommer, guten Morgen. Die Herrschaften erwarten Sie in ihren privaten Räumen, darf ich Sie dorthin begleiten?»

«Guten Morgen! Ich kenne noch nicht einmal Ihren

Namen ...» «Sagen Sie einfach Leon zu mir.» «Gerne, Leon, und begleiten dürfen Sie mich auch zu Ihren Herrschaften.»

Leon klopft an die Tür mit dem Schild Privat, er zögert kurz, dann öffnet er die Tür für Katharina und ruft nur: «Beate, Frau Sommer ist jetzt da.»

Katharina findet beide lesend mit einer Tageszeitung am Frühstücktisch vor.

«Guten Morgen, ihr beiden, bin ich zu spät?»

Beate faltet ihre Zeitung zusammen.

«Ach was, du kommst genau richtig.»

Beate begrüßt sie mit einer herzlichen Umarmung. Henrik bietet Katharina den Stuhl an, während Beate Kaffee in Katharinas Tasse gießt.

«Auch ich wünsche dir einen guten Morgen.»

Henrik reicht Katharina ein Kännchen heißes Wasser. Inzwischen hat Beate den frisch gebackenen Käsekuchen aus der Küche geholt und serviert das erste Stück auf Katharinas Teller.

«Mir ist heute nach einem privaten Frühstück», erklärt sie den Ortswechsel. «Oh, entschuldige, ich habe dich gar nicht gefragt, ob das Süße in Ordnung ist. Oder möchtest du lieber etwas Herzhaftes zum Frühstück haben, vielleicht Spiegeleier mit Speck? Sie sind auch schon fertig, denn Henrik ist mehr für ein herzhaftes Frühstück, und den Käsekuchen so als krönenden Abschluss?»

«Wenn Henrik mir was von seinen Spiegeleiern übrig lässt, würde ich gerne die Spiegeleier mit Speck vorziehen und deinen gut duftenden Käsekuchen, der mich heute

Morgen geweckt hat danach essen. Zuerst dachte ich, ich träume, aber als der Duft immer stärker und intensiver wurde, bin ich aufgewacht.»
«Beate, siehst du, sie kann die kleinen Sticheleien nicht lassen, damit ist deine Frage schon von ganz allein beantwortet worden. Beate meinte, ich sei gestern Abend doch zu streng mit dir gewesen. Und um deine Frage zu beantworten, ich überlasse dir gerne ein paar Spiegeleier mit Speck. Die sollen sehr gut für die geistige Arbeit sein, die wir später fortführen, wenn du es möchtest.»
«Henrik, fängst du schon wieder an, unseren Gast zu ärgern.»
«Ach Tantchen, ich erwidere nur kleine Schmeicheleien, das wird doch wohl noch erlaubt sein.»
«Lasst es gut sein, ihr beiden, mir geht es wirklich gut, ich fühle mich richtig wohl bei euch. Beate, lassen wir ihm doch dieses Vergnügen, er ist hier nun mal der Hahn im Korb.»
«Im Übrigen müsste Katharina dir böse sein, Beate, da sie durch deinen Käsekuchenduft aufgewacht ist, vielleicht hätte sie ja gern weitergeschlafen?»
Diese kleine Bemerkung konnte sich Henrik nun wirklich nicht verkneifen. Das ganze Frühstück verläuft in so fröhlicher Stimmung, bis Henrik schließlich zum Aufbruch mahnt. Für einen Moment mustert er Katharina und findet, dass ihre Kleidung nicht geeignet ist. Denn er will ihr gerne was zeigen und dafür braucht sie leichte und bequeme Schuhe. «Hast du Mokkasins oder so was dabei?», erkundigt er sich bei ihr. «Hm so ein paar alte

ausgelatschte Treter habe ich schon mit. Wo willst du mit mir denn hin?»

«Nur so viel: dahin, wo du Gott ganz nah bist.» «Beate, kommst du auch mit?»

«Nein, Katharina, wir sehen uns erst zum Abend wieder, denn ich habe noch ein paar Sachen zu erledigen.»

«Dann wollen wir uns auch nicht mehr lange mit der Vorrede aufhalten, da das jetzt auch geklärt ist. Katharina, ist es dir recht, wenn wir uns so in einer halben Stunde auf dem Parkplatz treffen? Ich muss noch ein wichtiges Telefonat führen.»

«Okay. Sollte ich vielleicht Hildegard Bescheid sagen, dass ich mit dir unterwegs bin? Sie kommt heute doch bestimmt, wegen der Ausarbeitungen, die ich mir immer noch nicht angesehen habe. Gestern Abend war ich einfach zu müde, um noch einen Blick darauf zu werfen.»

«Nun hast du diese Zeit, um es nachzuholen und du wirst sehen, wie schnell dir die Zeit davonläuft, im Nu ist die halbe Stunde um. Hildegard hat sich schon ganz früh bei uns gemeldet und lässt dir ausrichten, dass sie heute zum Abendessen kommt.»

Henrik verschwindet in Richtung Büro und da Katharina ein wenig neugierig ist, was ohne Zweifel in der Natur der Weiblichkeit liegt, lässt sie Henrik erst außer Sichtweite gehen, um Beate zu fragen, ob sie weiß, was er mit ihr vorhat?

«Nein, mein Mädchen, auch mir hat er nichts verraten, aber was es auch immer sein mag, du wirst am Ende begeistert sein.» Keiner von beiden rückt mit der Sprache heraus, denn Katharina ist sich ganz sicher, dass Beate es weiß. Was bleibt ihr anderes übrig, als in ihr Zimmer zu gehen, sich bequeme Kleidung und Schuhe anzuziehen und einen Blick auf Hildegards Arbeit zu werfen? Henrik steht sehr entspannt und locker an seinem Wagen, als er Katharina sieht, die abgehetzt auf dem Parkplatz erscheint.

«Na, hast du ein bisschen die Zeit verträumt?», ist seine leicht ironische Bemerkung. «Entschuldige bitte, dass ich dich warten ließ.»

«Ich bin nicht in Eile, wir haben alle Zeit dieser Welt.» Während Henrik ihr die Wagentür aufhält, fragt Katharina: «Kannst du mir jetzt verraten, wohin die Reise geht?»

«Kann ich, heute möchte ich dir, ein weiteres Fleckchen Erde zeigen, wo ich so manches Mal das Gefühl bekomme, Gott sitze direkt neben mir. Für dich würde ich mir dieses Gefühl auch wünschen. Es macht dich frei von allen Zwängen und Gesetzen, die wir uns hier auf Erden auferlegt haben. Es ist ein Gefühl in der absoluten Vollkommenheit mit dir selbst. Du bist ein Teil von Gott, er ist immer in uns. Dieses Wissen zu haben, dass Gott immer bei uns ist, ist großartig.»

«Wie hast du es nur geschafft, dich nicht in die Gesetze unsere Gesellschaft einengen zu lassen? Du wirkst auf mich absolut gleichgültig. Zumindest übermittelst du mir, in deinen eigenen Gesetzen zu leben. Du bist doch ein Geschäftsmann und im Prinzip ist es unmöglich, so zu leben, wie du lebst. Wie soll das gehen?» «Fang an deine

Gedanken zu verändern, dann kommt es ganz von selbst zu dir. Hör auf, jede Antwort zu hinterfragen oder Das ist ja unmöglich zu sagen. Lass es einfach weg. Achte mehr auf deine Gedanken und auf das, was du laut aussprichst. Denn in jedem Gedanken steckt eine Menge Energie von dir. Und wenn du diese Energie erst mal richtig in Schwingung gebracht hast, ist es schon eine unbewusste Wunschbestellung ans Universum.»
«Das heißt im Klartext, das, was ich denke, bekomme ich postwendend zurück? Ob ich es will oder nicht, spielt hier keine so große Rolle?»
«Genau so ist es, Katharina.» Mama mischt sich wieder in Katharinas Gedanken ein.
«Hast du es immer noch nicht bemerkt, dass alles, was dir Henrik erzählt, wie ein Kreislauf ist? Ein Kreis hat keinen Anfang und kein Ende, alles ist wiederkehrend.»
Als Henrik heute Morgen mit Hildegard telefonierte, bat sie ihn, Katharina die wichtigsten Sehenswürdigkeiten zu zeigen. Ein von den Touristen vorwiegend aufgesuchter Ort ist der Oom Samie se-Winkel in Stellenbosch. Ein Ort aus den Anfängen, der auch mit «Onkel Sam's Laden» übersetzt werden kann. Das Bummeln durch die Geschäfte ist ein wirkliches Erlebnis für jeden Besucher. Man kann sich die selbstgemachten Konfitüren, Obst, Tabak, Trockenfisch und die duftenden Gewürze anzuschauen. Man wird in eine längst vergangene Zeit zurückversetzt, in der es noch keine Supermärkte gab. Henrik führt Katharina auch gleich an die Orte, wo ein gewöhnlicher Tourist nicht so leicht hinfindet. Die

verwinkelten Geschäfte laden den Besucher zum Stöbern ein. Die meisten Touristen bleiben an dem gewöhnlichen Ramsch hängen und die schönen Antiquitäten werden aus Zeitmangel nicht mehr gesehen. Katharina entschlüpfen immer wieder Ausrufe der Bewunderung, besonders bei den Antiquitäten ist ihre Begeisterung nicht mehr zu bremsen. Die Dorp Street ist eine der ältesten, besterhaltenen Straßen, wo man alle historischen Baustile des Kaps bewundern kann. Katharina und Henrik verlassen den Oom Samie se-Winkel.

«Henrik, ich könnte hier noch stundenlang herumstöbern und die herrlichen Antiquitäten bewundern, ich liebe alte Möbel.»

«Ich fahre dich gerne in den nächsten Tagen nochmals hierher, oder Leon kann dich fahren. Nur, jetzt würde ich dir gerne noch eine weitere Sehenswürdigkeit zeigen, eine Kirche, die von der Rheinischen Mission 1823 erbaut wurde. Anschließend denke ich, dass wir eine Kleinigkeit zu uns nehmen.»

«Oh, ist das ein weiterer Lieblingsplatz, den du mir zeigen wolltest? Dann könnten wir also doch noch etwas hierbleiben. Im Übrigen ist das genau die Beschreibung, die ich heute Morgen von Hildegard gelesen habe. Sie hat es sehr gut ausgearbeitet, sodass jeder Besucher sich gut alleine zurechtfindet.»

«Da du es offensichtlich sehr genau gelesen hast, wirst du auch wissen, wo dich deine Reise noch hinführt. Und nein, zu meinen Lieblingsplätzen gehört die Kirche nicht, aber in Verbindung damit zeige ich ihn dir natürlich. Was mir persönlich am Herzen liegt, ist, unser Gespräch von gestern Abend mit dir weiterzuführen. Genau an diesem Platz wird dir so einiges ganz schnell klar werden. Ich möchte dir noch aus früheren Zeiten den Parade- und Exerzierplatz zeigen, der auch die Braak genannt wird. Hier feiern wir heute unsere großen Stadtfeste. Und dort die anglikanische Kirche St. Mary's on the Braak, die als einziges Gebäude auf dem Grün erbaut werden durfte. Sie steht am südlichen Ende des Platzes und wurde 1852 fertiggestellt. Historische Bedeutung erlangte die Kirche 1823, als die örtliche Mission für die damaligen farbigen Sklaven eine Schule eingerichtet hat. Heute wird die Braak als Campus und zum Teil als Parkplatzfläche genutzt. Aber wohin ich dich noch gerne kurz entführen möchte, ist der Botanische Garten. Er ist zwar nicht mit dem in Kapstadt zu vergleichen, dennoch bietet unser Botanischer Garten eine Vielfalt von Sukkulenten und Orchideen, die in unserer Umgebung heimisch sind.»

Nach dieser kleinen historischen Einführung steuert Henrik wieder auf seinen Wagen zu. Nun, beginnt für ihn die eigentliche Führung und das, was sein Land so einzigartig macht. Katharina folgt ihm stumm, tief in ihren Gedanken, der faszinierenden Welt ihrer inneren Reise. Erst als Henrik schon ein ganzes Stück gefahren ist, reißt die außergewöhnliche Landschaft mit ihrer Vegetation Katharina wieder ins Hier und Jetzt. «Na, bist du wieder zurück von deiner inneren Reise, Katharina?»

«Ich frag jetzt erst gar nicht, woher du von meiner inneren Reise weißt. Aber es stimmt, du hast so eine faszinierende

Welt, alles ist so voller Harmonie. Nicht nur die Landschaft spiegelt es mir hier wider, auch deine Gelassenheit bringt selbst mich in eine besondere Ruhe, die ich so von mir nicht kenne.»
«Dann kannst du gespannt sein auf das, was dich jetzt noch erwartet.»
«Ich lese hier gerade Drakenstein Valley, im weitesten Sinne könnte es doch auch so viel wie Drachenfelsen bedeuten, oder?»
«Das hast du gut kombiniert. Kannst du mir erläutern, woher der Name stammt? Ich frage deshalb, weil eine sonderbare Faszination von ihm ausgeht.»
«Du musst nicht immer alles erklären können, nimm es für den Moment, wie es ist. Es kann aber durchaus sein, dass du es später für dich erklären kannst, weil du den Blick für den Weg besser erkennst. Vielleicht orientierst du dich einfach mal an dieser Philosophie:
Je länger der Blick, desto kürzer der Weg –»
«Ist das eine Weisheit aus deiner Klosterzeit, die dich in deine absolute Ausgeglichenheit gebracht hat? »
Henrik nickt.
«Aber lass uns hierzu zu einem späteren Zeitpunkt kommen, der wesentlich passender sein wird. Zunächst einmal möchte ich dir etwas über diese Gegend erzählen und dabei auch auf deine zuerst gestellte Frage eingehen. Dieses Tal sowie der Bergzug zwischen Franschhoek und Stellenbosch erhielten seinen Namen von unserem ersten Gouverneur Simon van der Stel. Vor mehr als 200 Jahren begannen die Farmer mit dem Anbau von Wein, Weizen

und Früchten. Unser sehr beständiges Wetter lässt besonders gute Trauben für unseren Wein gedeihen. Dies liegt insbesondere daran, dass wir Bergketten haben die den Tälern als Schutz dienen und das raue Seeklima nicht direkt in unser Land eindringen lassen. Bei unserem Obst gab es größere Probleme, die Lagerhaltung gestaltete sich anfänglich sehr schwierig, einmal bedingt durch die extrem hohen Temperaturen im Sommer, dennoch gelang es uns 1886 erstmals, die Trauben nach London zu verschiffen. In genau dieser Zeit bekam man in Kapstadt für ein Pfund Trauben einen Penny und für die gleiche Menge in London schon 15 Schillinge. Ab da war die Fruchtexport-Industrie Südafrikas ins Leben gerufen. Wer kennt nicht unser Markenzeichen, das auf jede Frucht geklebt wird, die unser Land verlässt?»

«Henrik, ist es noch weit zu deinem Lieblingsplatz?»

«Darf ich deine Frage so auffassen, dass ich dich mit meinen geschichtlichen Ausführungen langweile?»

«Nein, es ist wirklich sehr spannend, nur bin ich einfach noch mehr auf das gespannt, was vor mir liegt.»

«Nun hast du dich aber sehr elegant aus der Affäre gezogen. Entschuldige bitte, ich hätte es längst bemerken müssen, dass du etwas erschöpft von meinen Erzählungen bist.»

«Henrik, du bringst mich immer wieder ins Staunen, weil du Gedanken von mir ansprichst, die ich nie laut ausgesprochen habe. Wie machst du das?»

«Denk einfach an das Richtig-Zuhören, das ich dir so ausführlich erläutert habe. Es ist nicht mehr weit zu meinem Lieblingsplatz, nur noch diese kleine Anhöhe herauf, dort rechts, wo du die drei Bäume siehst.»

Schmunzeln muss Henrik schon, denn was sich hinter dem Gebäude verbirgt, kann Katharina jetzt noch nicht sehen, außer, dass es ein flaches Gebäude ist und an der linken Seite etwas höher wird, sowie eine Art von Turm. Erst als Henrik den Wagen abstellt und Katharina ein leises Summen der Motoren wahrnimmt, wird ihr klar, dass Henrik sie auf einen kleinen Flugplatz geführt hat.

«Ist das etwa dein Lieblingsplatz?»

«Nein, nicht direkt. Zum einen möchte ich dir von oben zeigen, wie wunderschön Franschhoek ist, und gleichzeitig möchte ich dir ein Gefühl der grenzenlosen Freiheit vermitteln. Du fragtest mich doch vor zwei Tagen, wie ich es anstelle, mich nicht in die irdischen Gesetze einengen zu lassen.»

«Du sagtest aber auch, dass dir Menschen wie die Mönche geholfen haben. Und ich soll in der Luft lernen, wofür du ein ganzes Jahr Zeit hattest?»

Henrik reicht Katharina seine Hand und hilft ihr beim Aussteigen. Erst als sie vor einer kleinen Piper Seneca III stehen, lässt Henrik ihre Hand wieder los.

«Katharina, ich möchte einfach nur, dass du dich jetzt entspannst und die Landschaft genießt und ein bisschen das aufnimmst, was ich dir noch dazu erzähle. Vielleicht kommt das Gefühl in dir auf, wie am Tempel der Winde. Denn die wirkliche Freiheit findest du nur in dir, so, wie auch deine Wahrheit nur in dir selbst zu finden ist. Da oben bist du ganz auf dich gestellt, auch wenn ich bei dir bin und die Maschine fliege. Du kannst dort oben ganz nah bei Gott sein. Natürlich wirst du nicht in ein paar Stunden lernen, wozu ich ein ganzes Jahr Zeit hatte.»

Im Moment versteht Katharina Henrik nicht, aber fragen will sie ihn auch nicht.

«Kann es sein, Katharina, dass du mir nicht ganz folgen kannst? Aber es macht nichts, du wirst schon verstehen, was ich meine.»

Beide steigen sie in die Piper Seneca ein und es dauert nur wenige Minuten, bis Henrik die Erlaubnis zum Start bekommt. Henrik wartet noch mit seinen weiteren Erzählungen, so hat Katharina die Möglichkeit, darüber nachzudenken, was Henrik gesagt hat. Als Henrik die gewünschte Höhe erreicht hat, schaut er zu Katharina herüber und sieht, dass sie sich allmählich entspannt. Für eine Weile überlässt er sie sich noch selbst, damit sie die Schönheit von oben voll und ganz aufnehmen kann.

«Henrik, du hast ein wirklich schönes Land, das du als deine Heimat bezeichnen darfst. Aber so ganz verstehe ich immer noch nicht, wie du das gemeint hast – die Wahrheit in mir finden? Und was ist jetzt dein Lieblingsplatz?»

«Eigentlich wollte ich dir noch kurz etwas über diesen Landstrich erzählen, bevor wir zu unserem Gespräch von gestern Abend zurückkommen. Es könnte sonst sein, dass ich mein Versprechen, das ich heute Morgen Hildegard gegeben habe, nicht einhalte, weil uns die Zeit mit der Philosophie davonläuft. Erlaubst du es mir?»

«Aber ja, ich bin schließlich nicht zum Vergnügen hier,

sondern zum Arbeiten.» «So hart, liebe Katharina, würde ich es jetzt nicht sehen, nur, von hier kannst du dir alles besser vorstellen. Auch das kann dann ein Vergnügen sein, sieh es doch mal von dieser Seite.»

«Aus allem ziehst du immer das Positive ... wenn ich das doch auch könnte.»

«Sei geduldig mit dir, am Ende deiner Reise hast du es auch gelernt, vertraue und geh liebvoll mit dir um. Du weißt doch, Rom ist auch nicht an einem Tag erbaut worden. Dieses Gebiet, das wir gerade überfliegen, ist vor 200 Jahren von den französischen Hugenotten gegründet worden. Franschhoek kannst du übersetzen mit ‚Französisches Eck', womit die bestechende Lage am Ostende des Drakenstein Valley ein wenig umschrieben ist. Ursprünglich hieß die Region aufgrund der hier herumstreunenden Elefanten ‚Oliphants Hoek'. Kenner aus der ganzen Welt genießen die guten Lokale, die gemütlichen Hotels und das Golfspiel. Seit der Abschaffung der Apartheid hat der Besucherstrom deutlich zugenommen. Trotzdem hat Franschhoek seinen Charakter nicht verloren und ist weitgehend so erhalten geblieben. Eine holländisch-ostindische Handelskompanie entschloss sich 1685, die Menschen zu motivieren, sich im Kapland niederzulassen. Man sprach die Hugenotten an, die durch ihre Aufhebung des Edikts von Nantes ihre Glaubensfreiheit verloren hatten, sich aber weigerten, ihren protestantischen Glauben aufzugeben, und ihre Heimat verlassen mussten. So kam eine kleine Gruppe im April 1688 an Bord der Oosterland an, jeder von ihnen bekam ein Stück Land in der Umgebung von Drakenstein, wo van der Stel bereits zwei Jahre zuvor Holländer auf 26 Siedlungsplätze verteilt hatte. Natürlich legten die Holländer großen Wert darauf, dass sich die Franzosen assimilierten, ihre Sprache durften sie jedoch beibehalten. Doch bereits nach dem ersten Generationswechsel beherrschten nur noch die Älteren ihre Muttersprache. Viele Namen von Weingütern in der Umgegend weisen heute noch auf die französische Herkunft der Siedler hin. Zum Abschluss kurz ein paar Worte zum Hugenotten-Denkmal, das unweigerlich am Ende einem jeden ins Auge sticht. Das Denkmal in seiner Gestaltung ist für einige sehr umstritten. Es erinnert an die damalige Vertreibung der Hugenotten aus ihrer Heimat. Gerne stellen die gläubigen Buren dieses Thema ihrer Vorfahren heraus. Somit wurde 1938 dieses Hugenotten- Monument, das aus Granit besteht, zu ihrem Jahrestag der Ankunft eingeweiht.

Die Zentralfigur stellt eine Frau dar, die in der rechten Hand eine Bibel hält. Die zerbrochene Kette symbolisiert die Loslösung von religiöser Unterdrückung. Die drei Bögen dahinter stellen die Dreifaltigkeit dar. Auf den Bögen ist die Sonne der Rechtschaffenheit zu sehen, darüber das Kreuz. Die Figur steht auf dem Erdball als Zeichen für das Überweltliche. Und auch der Teich davor gehört zur Gesamtgestaltung, ein Symbol für die Ruhe, die man nach der großen Unterdrückung hier in Südafrika gefunden hatte. Das Hugenotten-Museum vertieft noch mehr diese Geschichte der Hugenotten, überwiegend die

der französischen Calvinisten, von der Zeit der religiösen Verfolgung in Europa und ihrer Aufsplitterung, über die erste Phase am Kap hinaus. So, nun hoffe ich, dass ich dir genügend berufliches und auch privates Vergnügen bereitet habe.»
«Danke für all das, was du mir hier in so kurzer Zeit alles bietest, das hätte ich mir nie träumen lassen. Dass du dich hier wohl fühlst und nicht mehr nach Deutschland zurück möchtest, kann ich gut nachempfinden. Weißt du, was mich jetzt noch am meisten interessieren würde?»
«Was hinter der Bergkette liegt? Dein Wunsch wird dir erfüllt.»
Und schon dreht Henrik bei, um über die Bergkette zu fliegen. Was Katharina jetzt zu sehen bekommt, lässt ihr den Atem stocken. Henrik fliegt ein ganzes Stück die Küste entlang und merkt, wie Katharina aus der Bewunderung, für eine ganze Zeit nicht mehr herauskommt.
«Katharina, dies ist die False Bay-Bucht, die Heimat der riesigen Seehund- und Robbenkolonien. Dadurch angezogen findet man hier recht oft den berühmten großen Weißen Hai. Glücklicherweise ist es wegen des übergroßen Nahrungsangebotes für den Hai in den vergangenen Jahren nicht zu Angriffen auf Menschen gekommen. Das Jagen des Hais ist verboten worden, um auch die riesigen Seehundkolonien nicht noch größer werden zu lassen.»
«Eigentlich könntest du doch auch sehr gut Touristen führen und ihnen dein Land zeigen, so gut, wie deine

geschichtlichen Ausführungen sind. Und das gekoppelt mit deinem Weingut und dem Hotel wäre doch eine wunderbare Geschäftsidee?»
Henrik lächelt. «Solche Ausflüge mache ich nur in den seltensten Ausnahmen, wenn ich darum gebeten werde. Oder wenn in mir ein Gefühl aufkommt, dass es angebracht ist, so wie bei dir jetzt. So kommen wir auch wieder zu deiner Frage, die du nicht mir direkt gestellt hast, zu Beginn dieses Fluges. Wie ich es meine, dass die Wahrheit in dir liegt. Jetzt atme ganz tief durch und versuche an rein gar nichts zu denken. Nur an diese Schönheit, schließ vielleicht deine Augen, dann fällt es dir leichter. Erinnere dich daran, dass dies mein Lieblingsplatz ist und ich Gott ganz nahe bin. Ich fliege jetzt wieder zurück und in dieser Zeit sei einfach nur bei dir.» Henrik ist wirklich ein guter Pilot, Katharina merkt nur andeutungsweise, dass er wieder eine leichte Kehrtwendung macht, um zurück zum Flugplatz zu fliegen. In diesen Minuten der Rückkehr gelingt es ihr, ganz bei sich zu sein. Für wenige Sekunden ist es wie ein Aussteigen in die Leichtigkeit, es grenzt fast schon an Schwerelosigkeit, ein Gefühl des Kraftauftankens.
Auf dem ganzen Heimflug hört Katharina keine Mama, die zu ihr spricht, sie sieht nur Bilder, mal klar, dann wieder etwas verschwommen. Immer wieder tauchen nur Fragen in ihr auf, die sie zunächst einmal nicht ganz versteht, außer dieser Antwort:
«Du wirst die Wahrheit schon finden, denn sie liegt in dir. Du schaffst es, vertraue auf mich, auf Gott und glaube an

dich selber, an deine Kraft, die in dir steckt, alles wird dir gelingen. Je stärker dein Glaube wird, je größer und anziehender ist dann deine Kraft. Ich kann es auch so ausdrücken: Sind deine Gedanken nicht entsprechend mit Emotionen der Gefühlen angefüllt, können sich deine gewünschten Gedanken nicht erfüllen.»

Katharina fragt in Gedanken: Wer bist du? Denn sie weiß, dass es nicht ihre Mama ist. Vielleicht Gott? Kann das wirklich sein?

Wer das Ziel kennt, kann entscheiden.
Wer entscheidet, findet Ruhe.

Konfuzius

Henrik setzt die Maschine sanft auf. Erst als er selber aussteigt und die Tür für Katharina öffnet, kommt sie langsam wieder zu sich.

«Sind wir schon gelandet?», ist ihre erste Reaktion. Henrik lacht.

«Sag bloß, du hast den Heimflug verschlafen», spöttelt er.

«Ich weiß nicht so recht, ob ich geschlafen habe. Jedenfalls war ich in einer anderen Welt. Nur so kann ich es erklären, eine andere Erklärung habe ich nicht.»

«Lass es gut sein, du findest schon des Rätsels Lösung, da bin ich mir ganz sicher, oder wir finden sie gemeinsam. Hast du noch Lust, dir das Hugenotten-Monument anzuschauen?»

«Wenn es kein großer Umweg ist und es nicht mehr allzu lange dauert, gerne.»

Das Faszinierende an Südafrika ist, dass man überall kleine Snacks kaufen kann. Henrik bringt nicht nur eine Erfrischung, auf dem Tablett befindet sich auch für jeden ein Sandwich. Erst jetzt merkt Katharina, wie hungrig sie ist. Die Beschreibung, die Henrik über die Statur abgegeben hat, trifft ganz genau zu. Alle Einzelheiten kann Katharina genau erkennen, der kleine Abstecher hat sich wirklich gelohnt. Henrik hält sein Versprechen, steht einfach nur schweigend neben Katharina, und auch auf der Heimfahrt bleibt er still und lässt sie in ihren Gedanken. In der Empfangshalle begegnet ihnen nur Beate, die die beiden schon vom Weiten mustert.

«Ihr seht müde aus, es ist noch genügend Zeit zum Ausruhen, bis Hildegard kommt. Henrik, hast du einen

Augenblick für mich?» Trotz seiner Müdigkeit, die er verspürt, lacht er. «Natürlich, Tantchen, für dich doch immer.»

Katharina verabschiedet sich und geht auf ihr Zimmer, während die beiden in Richtung Büro verschwinden. Nach einer erfrischenden Dusche legt sie sich aufs Bett, doch etwa nach einer halben Stunde erhebt sie sich wieder. Nach der passenden Kleidung schauend, steht Katharina vor ihrem Kleiderschrank. Irgendwie fällt ihr auch hier die Entscheidung schwer, etwas Leichtes zu finden. Fast schon kopflos zieht sie ein Kleid nach dem anderem heraus. Ob sie das schwarze oder das beigefarbige Kleid anziehen soll? So steht sie fragend vor dem großen Spiegel, der gleich neben der Garderobe hängt. Schließlich entscheidet sie sich für das schwarze Kleid. Mit einem prüfenden Blick auf ihr Spiegelbild verlässt sie das Zimmer. Nicht ganz schlüssig, wohin sie überhaupt will, geht sie ohne es zu bemerken in die falsche Richtung des Korridors. Erst als der Korridor immer dunkler wird, erkennt sie, dass sie in die falsche Richtung gegangen ist. Kurz bevor sie schon wieder umdrehen will, sieht sie eine Tür einen Spaltbreit offen stehen, sodass das grelles Sonnenlicht sie blendet. Vorsichtig öffnet Katharina die Tür und schaut in den Raum: eine riesige Bibliothek. Der Anblick überwältigt sie. Bücher sind für Katharina eine Faszination, eine besondere Welt. Der große Raum ist zur Hälfte mit Wandregalen aus dunklem Holz eingefasst, die bis zur Decke reichen, über und über mit alten und modernen

Büchern gefüllt. Der Geruch der alten Bücher und das altehrwürdige Mobiliar lassen Katharina in vergangene Zeiten versinken. Gleich am Fenster steht ein bequemer Ohrensessel mit einer dazu passenden Stehlampe. Katharina lässt sich in den Sessel sinken und ihr Blick fällt auf einen kleinen Tisch, der aus der besagten Biedermeierzeit stammen muss. Das darauf liegende Buch zieht sie magisch an. Obwohl das Cover für ihre Begriffe etwas blass aussieht, kann das Buch nicht sehr alt sein. Katharina schlägt es auf und blättert ein bisschen darin, bis sie wieder zum Anfang gelangt und Henriks Namen liest.

Henrik steht plötzlich in der Bibliothek, Katharina hat ihn gar nicht kommen hören, so tief ist sie in sich gegangen. Erst als er sich räuspert, zuckt sie zusammen.

«Entschuldige, Katharina, ich wollte dich nicht erschrecken.»

«Tut mir leid», stammelt sie und suchend nach einer besseren Antwort. «Ich wollte nicht so einfach hier eindringen, aber die Tür stand offen und ich habe mich wohl verlaufen. Es hört sich blöd an, aber es ist die Wahrheit.»

Wie zu Beginn ihrer Reise erscheint ihm Katharina wieder als verschüchtertes Mädchen, das bei etwas Verbotenem ertappt worden ist. Henrik kann sich das Schmunzeln nicht verkneifen.

«Ist schon in Ordnung, ich habe wohl vergessen, die Tür richtig ins Schloss zu ziehen. Sie geht mitunter etwas schwerfällig ins Schloss. Außerdem haben wir keine

Geheimnisse vor dir, du sollst dich wie zu Hause fühlen.»
«Darf ich dich was fragen, Henrik?»
«Du möchtest wissen, warum ich dieses Buch geschrieben habe und ich dir nicht davon erzählt habe? Eigentlich wollte ich dir und mir eine Ruhepause gönnen, aber gut.»
Henrik nimmt Platz auf der kleinen Chaiselongue, die seitlich von Katharina an der Wand steht.
«Bescheidenheit ist eine Tugend; wenn ich eins im Kloster gelernt habe, dann war es Bescheidenheit. Ich habe mir zu eigen gemacht, mich nicht auf einen Sockel zu heben. Wenn ich gefragt werde, antworte ich aus meinen Erfahrungen heraus, aber zwinge niemanden eine Antwort auf. Ich habe Dinge in meinem Leben gemacht, die für andere von Nutzen sind, und wenn sie gesehen und anerkannt werden, dann freue ich mich.»
«Woher nimmst du nur diese Gelassenheit?»
«Katharina, schau mit deinem Herzen zum anderen Ufer, fang an mit deinem Herzen zu sehen. Lass deinen Verstand mal vollkommen außer Acht, dann siehst du das andere Ufer, das dich retten wird. Glaube an dich und deine innere Kraft, fang an dich selber zu lieben, dir zu verzeihen und anderen zu verzeihen, der Vergangenheit zu verzeihen. Damit änderst du deine Gedanken und kommst in diesem jetzigen Leben in die grenzenlose Freiheit.»
«Du sagst das so einfach …»
«Es ist einfach. Das Leben ist leicht und voller Freude. Wenn du dir aber immer sagst, es sei schwer, dann bekommst du nur die Schwere. Ich sagte es dir schon

einmal, in jedem deiner Gedanken, in jedem deiner Worte steckt Energie und wenn du diese Energie erst mal richtig in Schwingung gebracht hast, ist es schon eine unbewusste Wunschbestellung ans Universum. Noch mal, was du denkst, ob positiv oder negativ, kommt immer wieder in dein Leben zurück. Ich liebe mich und jeden neuen Tag, den ich in meinem Leben mit Freude begrüßen darf. Leb jede Minute, mach dir wirklich bewusst, was du in jeder Minute tust. Selbst wenn du dir nur dein Make-up auflegst, sei dir bewusst, was du da tust. Sag dir einfach und schau dir dabei bewusst dein Spiegelbild an, ich mache mich hübsch, nur für mich. Wer sagt das schon zu sich selber, was glaubst du, wie viele Menschen es gibt, die so mit sich umgehen? Und das meine ich mit sich selber lieben. Den Tempel deiner Seele zu finden, das ist wichtig, und nicht, den auferlegten Gesetzen zu gehorchen.»

«Wir brauchen sie doch, um das Unrecht im Recht zu behalten, wie soll sonst unsere Welt funktionieren?»

«Hier geht es nicht in erster Line um die Welt, es geht ganz allein um dich und deine Seele. Wenn du deine Gedanken in die Liebe richtest, und das ein jeder von uns tun würde, dann bedürfte es der vielen Weltgesetze gar nicht. Außerdem, wer sagt dir denn, was Recht oder Unrecht ist, wie definierst du es? Du kannst schon bei deiner Jugend anfangen, haben deine Eltern alles richtig gemacht? Haben sie nicht das aus dir gemacht, was du heute bist? Ich will sie dir nicht schlechtreden oder dir wehtun. Aber vielleicht überlegst du mal im Stillen, ob deine Gefühle immer gut waren bei dem, was du durftest oder nicht durftest. Und das meinte ich heute Nachmittag, mit die Wahrheit liegt in dir. Wenn du diesen Berg bei dir überfliegen möchtest, so wie wir heute Nachmittag die False Bay überflogen sind und du die Schönheit gesehen hast, erst dann kannst du auch verstehen, dass wir die Menschen ins Unrecht treiben, weil wir in ihnen Angst aufbauen. Die Kriege, die durch uns geführt werden, sind die gerechtfertigt den Anderen gegenüber? Es wird uns durch die Medien so suggeriert. Müssen wir uns durch die Bilder, die sie uns zeigen, in diese Angst treiben lassen. Wer oder was zwingt uns denn, uns diese Bilder anzuschauen? Nur wir selber können uns für oder gegen das Anschauen entscheiden. Und wenn wir alle uns diese Bilder nicht anschauen würden, manifestierten wir sie auch nicht in unseren Gedanken. Sagte ich nicht schon einmal zu dir, Gedanken sind wie Magnete, die alles anziehen? Somit ziehen wir im Umkehrschluss das Unrecht und die Angst in unser Leben. Würde keiner von uns in diesen Gedanken sein, so wäre unsere Welt eine friedliche, in der wir keine Gesetze brauchen, die wir uns so geschaffen haben. Auch du hast Ängste, auch wenn du sie nicht wahrhaben willst. Sagte nicht deine Mama, dass du deine Mauern verlassen sollst?»

«Ja, das sagt sie mir immer wieder, nur so kann ich mein Glück finden. Nur, sagtest du nicht eben, sie hätten mich zu dem gemacht, was ich heute bin? Wie kann sie heute zu mir sagen, ich soll meine Mauer verlassen? Ist es jetzt ihr schlechtes Gewissen mir gegenüber?»

«Hast du mal darüber nachgedacht, dass sie es damals

nicht besser wusste? Auch ihre Eltern gaben es so weiter, wie sie es wiederum von ihren Eltern gelernt haben. Ein jeder kann es nur so weitervermitteln, wie er es für sich erfahren hat. Auch ich habe mich hinter dicken Mauern verschanzt, und weißt du warum?»

«Das kann ich mir bei dir gar nicht vorstellen, Henrik.»

«Doch, auch in meinem Leben gab es genügend schmerzliche Situationen, dass die Mauer dick wurde und ich nicht wusste, wie es sich in der Freiheit lebt. Schmerzen sind unschön, aber sie rütteln uns auf zu einem veränderten Denken. Heute weiß ich, warum ich die Mauer aufbaute: Ich wollte keinen Schmerz in mir spüren.»

«Wie hast du es geschafft, deinen Mauern zu entkommen?»

«Na, entkommen hört sich hart an, mich von ihnen herausgelöst klingt besser. Ich habe meinen Schmerz genauer betrachtet. Was will er mir sagen, wo kommt er her? Ich habe ihn angenommen, er darf da sein, spüre einfach in ihn hinein.

Je bewusster ich auf meinen Schmerz schaute, umso weniger wurde er, und ich konnte die Mauer mit der Zeit verlassen und in meine Freiheit gelangen. Du kannst die Mauer auch mit deinem Ego gleichsetzen, oftmals erlaubt uns unser Ego keinen freien Willen. Dein unfreier Wille, dein Ego also, entschied sich für die Mauer, um diesen Schmerz für dich erträglicher erscheinen zu lassen. Ist er wirklich so viel erträglicher?»

«Henrik, du erzählst es so anschaulich, dass man meinen

könnte, es sei ein Kinderspiel für dich gewesen.» «Das war es bestimmt nicht. Glaubst du, wenn du einen Vogel Jahr für Jahr im Käfig einsperrst, dass er auf Anhieb wieder fliegen kann? Was soll er zunächst mit seiner wieder gewonnenen Freiheit anstellen? Vielleicht verlässt er erst gar nicht seinen Käfig, weil er Angst hat vor dieser Freiheit. Auch du hast Angst vor dem Verlassen deines Käfigs. Was könnte dich auf der anderen Seite der Mauer oder des Berges erwarten?
Lass sie einstürzen und überflieg den Berg mit deiner Liebe zu dir selbst. Und nun lasse ich dich wirklich alleine mit diesen und deinen Gedanken, wir sehen uns beim Abendbrot wieder.»
Während der ganzen Zeit hat Katharina Henriks Buch in den Händen gehabt, und mit einem Blick darauf fragt sie ihn: «Was du mir jetzt versucht hast zu erklären, steht das alles in deinem Buch drin?»
Henrik schmunzelt.
«Das ist nur ein kleiner Teil. Ich habe versucht, mich ganz auf mich zu besinnen. Habe mich von meinen Gefühlen zu einigen Themen leiten lassen, die mich besonders beschäftigt haben. Auf diese Weise fand ich für mich meine ganz persönliche Wahrheit: Was ich bisher in meinem Leben erreicht habe und welches Ziel ich noch erreichen möchte. Ich glaube, ich kann für mich sagen, dieses Buch hat mein Leben verändert, in einigen Sichtweisen.»
«Willst du mir damit sagen, wenn ich ein Buch schreibe, komme ich auch an mein Ziel? Zum Beispiel, meinen

Käfig zu verlassen?» «Du brauchst kein Buch zu schreiben, das ist nicht das Thema. Du sollst dich lieben lernen, dir verzeihen, was in deinem bisherigen Leben geschehen ist. Die alten Verhaltensmuster fallen lassen. Dich auf etwas Neues einlassen, das ist damit gemeint. Ich habe es für mich einfach aus der Freude heraus in einem Buch festgehalten.»

«Damit es andere Menschen lesen und aus deinen Erfahrungen lernen können?»

«Du wirst es nicht glauben, aber es ist so, du hältst das einzige Exemplar in deinen Händen. Es gibt keine Veröffentlichung, es war wirklich nur die Freude am Schreiben.»

«Ich könnte mir sehr gut vorstellen, dass es bei den Menschen gut ankommt und du damit gutes Geld verdienen könntest.»

«Aber mir ging es in erster Line um mich und nicht ums Verdienen. Sagte ich nicht vorhin schon mal, Bescheidenheit ist eine Tugend? Manchmal ist weniger mehr, und dieses ‚mehr' habe ich für mich gefunden.»

Da die Zeit auf halb Acht geht und Beate bisher keinen der beiden mehr gesehen hat, auch Katharina mehrfach auf ihrem Zimmer versucht hat zu erreichen, geht sie jetzt selber nach oben um nach zuschauen. Als sie die Zimmertür aufschließt, findet sie ein leeres Zimmer vor. Katharina war wohl hier, das kann sie an dem feuchten Badetuch auf der Stange erkennen. Wo mögen die beiden bloß sein? So langsam macht sie sich doch Sorgen. Sehr außergewöhnlich ist es für Henrik, nicht zum Kaffee zu erscheinen, den sie immer gemeinsam einnehmen. Doch als sie den Korridor wieder betritt, kommt ihr Henrik entgegen.

«Wo hast du nur die ganze Zeit gesteckt?», empfängt ihn Beate vorwurfsvoll.

«Tantchen macht sich Sorgen», lacht er sie an. «Ich war mit Katharina in der Bibliothek, wir haben ein bisschen philosophiert und am Schluss fragte sie mich, ob ich etwas dagegen hätte, wenn sie mein Buch lesen würde. Nun, zufrieden und beruhigt?»

«Frechdachs», dieses spitzbübigen Lächeln von Henrik erinnerte sie immer wieder an seinen Onkel Benno, der es so manches Mal ebenfalls faustdick hinter den Ohren hatte.

Nachdenklich erhebt sich Katharina aus ihrem Ohrensessel. Henriks Ausführungen haben sie doch recht nachdenklich werden lassen. Hat sie wirklich immer alles richtig entschieden? Besonders in Freundschaften: Gab es da nicht doch den einen oder anderen, der es wert war, ihn im Freundeskreis zu haben? Menschen, die man wertgeschätzt hat und doch vertrieb? Als sie die Terrasse betritt und Beate und Henrik gemütlich beieinandersitzen sieht, trifft gerade auch Hildegard ein. Beide Freundinnen liegen sich spontan in den Armen, was bei ihnen sehr selten vorkommt. Katharina flüstert Hildegard ins Ohr: «Danke für alles.»

Hildegard schaut etwas verdutzt. Im Laufe des Abends wird ihr allerdings klar, was Katharinas Dankeschön zu bedeuten hat. Katharinas Begeisterung zu ihrer

Ausarbeitung ist nicht zu überhören, und dass Katharina sich irgendwie verändert hat, entgeht Hildegard auch nicht. Hildegard weiß genau, wer diese Veränderung bei Katharina hervorgerufen hat. Einige gemeinsame Stunden mit Henrik reichen da schon. Selbst wenn man störrisch wie ein Esel ist, schafft es Henrik, einen unmerklich auf den rechten Weg zu bringen. Auch wenn er es nicht gerne hört, wenn man ihn so in den Himmel lobt. Seine Bescheidenheit ist eben seine Besonderheit. Das Menü, das Beate den dreien heute Abend präsentiert, und die Gespräche erfüllen Katharina mit so viel Glück und Lebensfreude.

Lass dich von deinen Gedanken
und deiner Energie
durch den Tag tragen

Nachdem sich die vier getrennt haben und Katharina auf ihr Zimmer gegangen ist, findet sie keinen Schlaf. Zu aufgewühlt ist sie von den neuen Erlebnissen, also nimmt sie Henriks Buch zur Hand und liest die ganze Nacht durch. Erst in den frühen Morgenstunden fällt sie in einen tiefen und ruhigen Schlaf.

Kurz vor Mittag erwacht Katharina, nach einem Blick auf die Uhr etwas erschrocken, dass es schon so spät ist. Mit einem Satz springt sie aus dem Bett, doch dann kommt ihr der Gedanke, warum diese Eile? Gestern Abend wurde keine Uhrzeit genannt und auch nichts Bestimmtes ausgemacht. Wie stand es doch in Henriks Buch: Lass dich von deinen Gedanken und deiner Energie durch den Tag tragen.

In aller Ruhe geht Katharina ins Bad und richtet sich für den Tag. In der Empfangshalle trifft sie als Erstes auf Henrik, der einige Arbeiten erledigt hat, die gestern liegen geblieben sind.

«Guten Morgen Katharina, oder sollte ich besser Langschläferin sagen, wie ist heute Morgen dein Befinden, nach so einem anstrengenden Tag?»

«Guten Morgen ist gut, wir haben schon Mittag», grinst Katharina ihm frech ins Gesicht. «Aber danke deiner Nachfrage, die Langschläferin fühlt sich ausgesprochen gut, obwohl sie die ganze Nacht gelesen hat.»

«Aha, dann kann ich wohl davon ausgehen, dass mein Buch dich vom Schlaf abgehalten hat.»

«Das hat es. Weißt du was, ich lasse das Frühstück ausfallen und fange den Tag einfach mit dem Mittagessen an.» «Mittagessen gibt es erst in einer halben Stunde. Da haben wir noch etwas Zeit zum Plaudern.» Katharina ist Henrik dankbar, dass er sie aus der belebten Halle ins Freie führt, denn ihr wäre es schon etwas unangenehm, ihre Gedanken so preiszugeben.

«Ja, Henrik, das Buch hat einige Fragen in mir geweckt, ganz zu schweigen von den Gefühlen, die in mir hochgekommen sind. Es ist wirklich gut geschrieben, selten passiert es mir, dass ich weinen muss. Vielleicht bei einem Liebesroman. Du bewegst mit deinen Worten das Innere nach außen. Du erzählst so ergreifend von deinem Käfig und die Angst, ihn zu verlassen. Den richtigen Ansatz zu finden, in das Vergangene hineinfühlen, den Schmerz von damals wieder genauso zu empfinden. Ihn dann loszulassen und mit deiner wiedergefundenen Liebe zu heilen. Henrik, ich habe es wirklich versucht, ein Wirrwarr von Gefühlen in mir hat mich scheitern lassen.»

Henrik sieht sie liebevoll an.

«Nur wenn du tapfer und offenherzig bist, kannst du deine Verletztheit zulassen. Es gehört jedoch sehr viel Mut dazu, all seine Schutzwälle einzureißen. Du musst erst deinen Abwehrmechanismus in dir selbst erkennen. Wenn du diese Barriere erkannt hast, kannst du deine Maske fallen lassen. So einfach ist es im Grunde.

«Glaubst du wirklich, dass auch ich diese Verteidigungsmauern, wie du sie jetzt nennst, einreißen kann? So manches Mal denke ich, es ist alles sinnlos.»

«Solange du nicht deine Kraft und Größe in dir erkennst und alles in Zweifel ziehst, hast du den Mechanismus des

Universums noch nicht erkannt. Richte deine Gedanken in Liebe aus, und, Katharina: Es gibt nichts Sinnloses. Alles hat einen Sinn, auch deine Reise jetzt und genau zu dieser Zeit. Selbst wenn du es nicht schaffen solltest, bis zu deiner Heimreise deine Mauern zu verlassen, wovon ich aber ausgehe. Nimm dir genügend Zeit und Ruhe, um in dich hineinzuschauen. Vielleicht nach dem Essen, an Stelle eines Mittagsschläfchens. Es ist jetzt an der Zeit, dich von der Herausforderung aus deiner Vergangenheit zu befreien und dich dem JETZT zu stellen. Das gelingt dir, wenn du deine Gedanken für einen Moment zum Schweigen bringst. Bitte Gott, dir bei dieser Wahrheitsfindung zu helfen. Denn Gott ist immer ein guter Zufluchtsort und Zuhörer, er gibt dir die nötige Ruhe, Entspannung und Geborgenheit. Aber nun sollten wir Beate nicht länger warten lassen.»

Beim Essen sitzt Katharina sehr in sich gekehrt da. Beate und Henrik sehen es in keinster Weise als beleidigend an. Es geht vielen Freunden des Hauses so: Wenn Henrik mit seinem Gespräch etwas mehr in die Tiefe geht, ist anschließend immer ein Schweigen auf der anderen Seite. Nach dem Essen geht jeder seiner Wege, Katharina bekommt die Zeit, die sie jetzt für sich braucht.

Der Nachmittag verspricht wieder sehr heiß zu werden, darum sucht sich Katharina ein schattiges Plätzchen. Was ihr weiß Gott nicht schwer fallen wird, sie denkt an den Tempel der Winde, der ihr genügend Abkühlung bietet. Nach einer kleinen Wanderung, die sie so nicht geplant hat, landet sie auf der Roseninsel. Der Duft der Rosen versetzt Katharina in eine ganz besondere Stimmung. Etwas umherschnuppernd betrachtet sie sehr eingehend die Rosen, sie liebt diese Blumenart, besonders wenn die Blüten einen so herrlichen Duft ausströmen. Henrik hat auch hier ein besonderes Händchen der Gemütlichkeit walten lassen. Wie er diesen versteckten Winkel mit Felssteinen gezaubert hat, bleibt Katharina zunächst einmal unergründlich. Aber wahrscheinlich, wie es auch in seinem Buch beschrieben ist, hat er sich hier einfach leiten lassen von seinem inneren Kind, das diese Schönheit hervorzubringen vermochte. Wenn ich mich nur auch so fallen lassen könnte, wie er es beschreibt! Mit diesen Gedanken setzt sich Katharina in einen der kleinen Bistrostühle, die zum Verweilen einladen. Es dauert gar nicht lange, da fragt sie eine Stimme und es ist nicht die Stimme ihrer Mama.

«Nun überlege mal scharf, ein kleiner Gedankenanstoß gefällig? Ich sage nur Flugzeug, dämmert es jetzt bei dir?»

«Ja, es dämmert, aber hast du auch einen Namen?»

«Ich heiße Sophie. Gräm dich nicht darüber, dass du das Gefühl hast, mit dir selber zu reden. Denn du sprichst nicht mit dir, sondern tatsächlich mit mir, deinem Schutzengel. Ich werde dich auf dieser Reise begleiten, dir helfend zur Seite stehen, sofern du es wünschst. Zu einem glücklichen Leben, das jetzt schon vor dir liegt, werde ich dich nicht zwingen.»

«Wie soll ich das verstehen, ein glückliches Leben, das vor mir liegt? Das hört sich ja fast so an, als müsste ich es nur aufheben.» «Genau so ist es. In dir sind doch tausend

Fragen aufgekommen seit heute Nacht. Seit deinem Gespräch mit Henrik sind noch weitere Fragen entstanden. Ich denke, du möchtest dieses Gewirr an Fragen lösen, sonst wärest du nicht auf Henriks Vorschlag eingegangen. Dann wärest du jetzt nicht hier. Fragst du dich nicht, warum du auf der Roseninsel gelandet bist? Obwohl du doch zu dem Tempel der Winde gehen wolltest, ein schattiges Plätzchen suchen, das war dein Gedanke. Und wo bist du jetzt? Auf der Roseninsel in der Sonne.»
«Ich wollte tatsächlich in den Schatten, aber irgendetwas zog mich hierher.»
«Das war ich, entschuldige bitte, ich liebe die Sonne und die Wärme. Vielleicht sollten wir zu deinem Thema mit deinen Verwirrungen an Fragen zurückkommen, damit du dein Glück aufheben kannst. Henrik hat dir heute Mittag und auch gestern sehr schöne Ansätze aufgezeigt. Geh in jede Epoche deines Lebens und hole den zurückgelassenen Schmerz wieder hervor, so gut du es kannst. Schau ihn dir an, was er mit dir jetzt macht. Lass die Gefühle in dir hochkommen, es ist egal, wie sie aussehen.»
«Hm, selbst das fällt mir nicht leicht, es tut weh.» Katharina fasst sich an ihr Herz.
«Du hast den Schmerz in deinem Herzen. Das ist die Mauer, die du all die Jahre aufgebaut hast. Du fühlst doch schon mit dem Herzen, nur das bewusste Bewusstsein muss noch kommen. Lass dich von deinen Gedanken und deiner Energie zu deinem Herzen tragen. Deine Energie

ist voll mit der göttlichen Liebe und sie weicht deinen Schmerz in Wohlgefallen auf. Dann kann auch die Liebe zu dir selbst wachsen. Schließe einfach deine Augen und vertraue auf das, was ich dir jetzt sage. Bleibe einfach mal in diesem Schmerz für einen Moment. Spür ihn, lass ihn da sein. Verdränge ihn nicht, alles, was jetzt ist, darf bei dir sein, nimm es in dich auf. Du wirst sehen, wenn du zu dem stehst, was da ist und da sein darf, wird es dir bald besser gehen. Was für Gefühle hast du noch? Nimm dir Zeit, um es klar zu artikulieren.»

«Ich schäme mich, so ganz tief im inneren Winkel, mein Bauch tut weh.»

«Geh auch hier in den Schmerz hinein, so wie eben. Du spürst jetzt dein inneres Kind, das deine Wahrheit kennt. Was sagt es dir? Gehe näher zu ihm hin, du hörst es doch rufen. Je näher du kommst, je deutlicher wirst du es verstehen. Glaube mir, dein inneres Kind hat dir eine ganze Menge zu erzählen. Mit der Zeit klären sich deine Gedanken und du wirst den richtigen Weg sehen. Wie fühlt sich jetzt dein Schmerz an?»

«Besser, der Schmerz wird weicher, fast könnte ich sagen, er wird zärtlicher zu mir, er umarmt mich mit der Liebe.»

«Na siehst du, so kannst du es mit all deinen Schmerzen, oder auch Gedanken, aus der Vergangenheit und in der Zukunft tun. Gehe hinein in das, was du fühlst und denke mit deinem ganzen Sein, und du wirst immer eine Lösung finden. Ich frage dich jetzt, was willst du für dich? Willst du den Krieg oder den Frieden in deinem Leben? Wenn du dich für den Krieg entscheidest, hast du ihn auch weiterhin in deinem Leben. Dann verändert sich dein Leben nicht, es bleibt, wie es ist. Wählst du den Frieden und glaubst auch ganz fest an ihn, mit all deinem Sein und deinen Emotionen, dann bekommst du den Frieden, die Zufriedenheit und das Glück in dein Leben. Du wirst es sehen, dein Leben verliert die Schwere und so ganz allmählich zieht die Leichtigkeit ein. Nur durch die Schwere kommst du in die Leichtigkeit, nur durch die Dunkelheit kommst du ins Licht. Verstehst du, was ich dir damit sagen möchte? Nur durch den Ausgleich kommst du ins Gleichgewicht, es ist wie mit dem Yin und Yang. Du brauchst dein Kreuz nicht alleine zu tragen, wie es in der Bibel steht, stell es auf, das Kreuz. Du bist der Göttlichen Macht so nahe, und wenn du es hinlegst, bist du Mutter Erde nahe. Beide legen sie schützend ihre Hände über und unter dich, du wirst behütet sein.»

«Danke Sophie, ich verstehe, was du meinst, Angst zu haben ist nicht nötig. Wenn ich ihr mit der Liebe in meinem Herzen begegne, wird die Angst vergehen. Das Kreuz über und Mutter Erde unter mir geben mir weitere Kraft dazu.»

«Wenn du es wirklich willst, dass die Göttliche Macht und wir Engel dir helfen, beginnt deine neue Lebensphase, mit der Liebe in deinem Herzen. Alles kannst du erreichen, jeden Krieg in Frieden verwandeln, jede Feindschaft in Freundschaft. Wovor hast du jetzt noch Angst, Katharina?»

«Im Prinzip hast du recht. Wenn ich das alles beherzige, dürfte ich keine Ängste mehr haben. Nur, das alles zu beherzigen braucht Zeit. Meine Probleme sind anders gelagert als Henriks, schwerwiegender, und genau das ist alles auf mich zugekommen.»

Katharina macht eine Pause, um einfach nur mal tief durchzuatmen. Wenn Sophie sichtbar wäre, würde sie sehen, wie ihr Schutzengel in sich hineinschmunzelt.

«Katharina, wir müssen hier nicht näher auf deine Probleme eingehen. Du kennst sie und ich kenne sie auch. Ich merke, es fällt dir schwer darüber zu reden. Aber du hast einen schönen Satz gesagt. Es ist alles auf dich zugekommen. Kannst du dir denken, was die Ursache sein kann?»

«Nein Sophie, ich frage mich das schon eine ganze Zeit lang. Henrik sagt immer, ich soll meine Gedanken in eine andere Richtung lenken. So ganz verstanden habe ich es noch nicht.»

«Das ist ganz einfach zu erklären, denn es gibt ein Gesetz im Universum, das Gesetz der Anziehung. Wenn du zu viel negative Energie in deine Gedanken legst, sind sie wie Magnete: Du ziehst alles an, darum kommt es auf dich zurück. Das ist es, was Henrik meint, lenke deine Gedanken in eine andere Richtung. Pass auf deine Gedanken auf, was du dir wünschst oder denkst. Ob du das bewusst oder unbewusst tust, es kommt immer auf dich zu. Ob du es willst oder nicht, spielt hierbei keine so große Rolle. Nimm das Gefühl aus der Vergangenheit nochmals auf, schließe deine Augen wieder dabei. Geh zu deinem inneren Kind und frage es nach der richtigen Antwort, du bekommst sie. Katharina, du bist noch nicht nahe genug bei deinem inneren Kind, du kannst es besser. Du brauchst keine Angst zu haben, gehe hin und höre ihm zu.»

«Jetzt höre ich mein inneres Kind. Es sagt, es gab viele Lösungen, aber mein Dickschädel ließ es nicht zu, also ist es gekommen, wie es ist.»

«Ja, das ist das Gesetz der Anziehung. Versetze dich in deinen Seinzustand und verbinde dich mit deinem inneren Kind, es gibt dir immer die richtige Antwort. Wenn du deinen Gedanken nicht die Macht verleihst und deine Gefühle nicht zum Schweigen bringst, dann kommst du deiner Wahrheit näher. Ganz einfach ausgedrückt, schalte dein Ego aus und siehe mit deinem Herzen. Und nun ruhe dich aus. Wenn du mich brauchst, rufe nach mir.»

Mit einem leichten Windhauch verabschiedet sich Sophie von Katharina. Nun ist Katharina alleine und sieht mit einer Leere in ihren Augen in die Ferne. Eine Weile hört sie noch das Wasser plätschern, bis sie mit ihren Gedanken ganz in sich gegangen ist. Zum ersten Mal wird ihr richtig bewusst, wie glücklich sie doch hätte sein können. Wenn sie bei Rudolph mit ihren Gefühlen und den dazugehörigen Emotionen offen umgegangen wäre. Katharina kommt immer mehr zu der Einsicht, dass diese Reise sehr wichtig für sie ist. Nicht nur beruflich, mehr noch für ihre eigene Persönlichkeit. Sie erkennt, dass ihre Gedanken eine völlig falsche Richtung eingenommen haben, nur weil sie sich von ihrem Ego und ihren Mitmenschen manipulieren lässt. Diese Macht kann ihren Geist einnehmen und ihre Mauer wachsen lassen. Was heißt das jetzt im Umkehrschluss für mich?, stellt sich Katharina plötzlich die Frage. Wenn ich mir mehr Liebe und Aufrichtigkeit schenke, ändert sich dann auch meine Sichtweise? Verstärke ich meine Kraft mit der dazugehörigen Emotion, bekomme ich dann, was ich mir wünsche?

Henrik ist gleich nach seiner Büroarbeit zum Tempel der Winde gegangen, weil er Katharina dort vermutet. Von dort aus entdeckt er sie auf der Roseninsel. Geräuschlos steigt er hinab und setzt sich etwas abseits von Katharina. Da er sie nicht gleich aus ihren Gedanken holen möchte, beobachtet er sie noch eine Weile, bevor er sich mit einem kleinen Seufzen dann doch bemerkbar macht.
«Richtig, Katharina, das heißt es, du hast viel gelernt und verstanden in den letzten Stunden.»
Katharina dreht sich um und erblickt Henrik, der jetzt aufsteht, um neben ihr Platz zu nehmen.
«Oh, bist du schon lange da? Ich habe dich gar nicht bemerkt. Weißt du, was ich eben gedacht habe?»
«Wenn man einen Menschen ins Herz geschlossen hat, dann versteht man ihn auch ohne Worte. Du weißt doch, dass ich die Menschen gerne beobachte und relativ schnell erkenne, was in ihnen vorgeht. Nur ein guter Beobachter ist auch ein guter Zuhörer. Wenn du wirklich mit deinem neuen Denken etwas erreichen willst, dann schalte dein Ego aus. Es versperrt dir sonst den Weg in dein neues Leben. Höre auf, dem Vergangenen nachzujagen, jetzt beginnt eine neue Zeit, in der das Alte keinen Platz mehr

hat. Darum gehe in die Verzeihung, mit dem Alten und mit dir selber, dann kann das Neue zu dir kommen und wachsen. Fang an dich als Beobachter zu sehen, schau dir die Vergangenheit nur als Beobachter an. Beurteile und verurteile sie nicht, lass dein Ego und deine Emotionen außen vor.»
«Hm, du sprichst wie mein Schutzengel Sophie. Nur verstehe ich nicht ganz, was ihr damit meint.»
«Hoppla, du sprichst von deinem Schutzengel, dann war sie es wohl, die dich auf die Roseninsel geführt hat.»
«Woher weißt du, dass sie es war?»
«Die meisten Engel lieben das Licht und die Wärme. Es freut mich, dass du so tief bei dir warst und deinem Engel zugehört hast. Katharina, gib deinem Ego nicht so viel Raum. Es wird dir den Weg versperren, beobachte deine Gedanken genau, sei ein Beobachter deiner Gedanken. Dann siehst du die Realität, die real werden kann.»
«Henrik, du gibst mir immer wieder Rätsel auf.»
«Es sind nur Denkanstöße, die dir helfen sollen, besser zu verstehen, was du wirklich willst. Der Weg wird breiter vor deinen Füßen, zu einer Wiese mit Weitblick.
Hör zu, du bist ein liebenswerter Mensch, genau so, wie du in diesem Augenblick bist. Es ist egal, was andere von dir denken oder über dich sagen. Das alles ist unwichtig, allein die Tatsache, dass du geliebt wirst, ist wichtig. Rufe es dir immer wieder ins Gedächtnis, auch wenn dir dein Ego etwas Gegenteiliges vermitteln will. Du bist ein vollkommenes Kind Gottes, es gibt nicht Defektes oder Falsches an dir, du bist die Vollkommenheit. Du bist die

perfekte Schöpfung deines höheren Selbst. So ist es und wird es auch immer bleiben. Du bist mit deinem höheren Selbst immer mit Gott verbunden. Gott liebt dich immer und will dich glücklich sehen, er sieht nur das Gute in dir. Dieses Wissen zu besitzen ist das Größte: dass du die vollkommene Liebe von Gott erhältst.»

«Henrik, glaubst du wirklich, dass meine Freunde mich so oder so ähnlich sehen, wie du mich siehst?»

«Es spielt überhaupt keine Rolle, was die Menschen über dich denken. Befreie dich von diesen Gedanken. Wichtig ist, was du über dich selber denkst und dass du mit dir und deinem Leben zufrieden bist. Es ist dein Leben. Du musst nicht den anderen gefallen, sondern nur dir selber. Schätze dich wert und finde den Sinn deines Lebens. Finde dein Paradies, dann hast du das Glück auf Erden. Wie viele Menschen rufen nach dem Königreich, nach ihrem Paradies. Das Paradies ist schon in dir, nur wenn du dich ständig selber manipulierst und nicht im Einklang mit dir stehst, wirst du es nicht finden. Lass dich von deinen Gedanken und deiner Energie durch den Tag tragen, dann fließen nur positive Dinge in dein Leben, die du aus der stillen Beobachtung und in deiner Glückseligkeit betrachten kannst. Dies ist die Freiheit, aus deinen Mauern in dein Königreich zu kommen. Auch Jesus wurde damals von seinen Jüngern nach dem Königreich gefragt. Im Thomas-Evangelium Vers 113, heißt es:

Jesus Jünger fragten ihn: 'Das Königreich, an welchem Tage wird es kommen?' Jesus sagte zu ihnen: 'Es wird nicht kommen, indem man darauf wartet; man wird nicht sagen: Seht, hier ist es, oder: Seht, dort ist es; sondern das Königreich des Vaters ist ausgebreitet über die Erde, und die Menschen sehen es nicht.'

Im Lukas-Evangelium Vers 17, das geläufiger ist, heißt es; 'Als er von den Pharisäern gefragt wurde, wann das Reich Gottes komme, antwortete er ihnen: «Es kommt das Reich Gottes nicht so, dass es zu beobachten wäre, man wird auch nicht sagen: seht hier ist es, oder dort! Denn seht, das Reich Gottes ist in eurer Mitte.'

Auch hier wird schon gesagt, sei im Einklang mit dir, dann bist du mittendrin im Reich Gottes, deinem Paradies. Es hat nichts mit deinem Abtreten aus dieser Welt zu tun, wie so oft behauptet wird. Du kannst es schon jetzt und hier haben, doch dein Ego hindert dich immer wieder daran. Vielleicht verstehst du es jetzt besser. Alles ist mit allem verbunden, auch du mit Gott, du bist seine Schöpfung, somit bist du auch Gott.»

«Henrik, das kann nicht sein ...»

«Warum bist du so ungläubig, Katharina?»

«Dann müsste es mir doch auch gelingen, dieses Elend und die Kriege auf dieser Welt zu beenden.»

«Warum willst du gleich so Großes bewirken, fang doch erst mal im Kleinen an. Dieses Thema hatten wir schon einmal, erinnere dich, was ich zu den Medien und ihren Bildern gesagt habe. Wenn wir alle diese Bilder nicht ansehen würden, könnte auch die geballte negative Energie nicht fließen. Zusammen könnten wir aber dieses Elend und die Kriege abstellen, indem wir nur positive

Energie fließen lassen. Diese Kraft und Macht haben wir in uns, doch nur wenige haben dieses Wissen.»

«Ich kenne zwar die Bibel ein bisschen, aber vom Thomas-Evangelium habe ich noch nichts gehört.»

«Ich denke, die wenigsten Menschen haben diese 114 Verse gelesen. Was aber auch nicht weiter schlimm ist, da seine Verse in abgewandelter Form auch in der Bibel zu finden sind. Die ersten Hinweise zum Thomas-Evangelium gab es schon in den altchristlichen Schriften, bei Hippolyt und Origenes. Erst 1945 fand Nag Hammadi das komplette Evangelium und 1956 wurde es durch seine Erstveröffentlichung auch der Allgemeinheit bekannt. Wenn du mehr über das Thomas-Evangelium erfahren möchtest, findest du weiteres Material in der Bibliothek. Sie steht für dich zur Verfügung, wenn du möchtest.»

Während Henrik mit Katharina auf der Roseninsel sitzt, geht Beate in die Bibliothek, um diesen Ort, der besonders viel Ruhe ausstrahlt, zu dekorieren. Nach so einem anstrengenden Tag erholt sich Henrik gerne hier. Da sie davon ausgeht, dass Henrik irgendwo mit Katharina sitzt und philosophiert, möchte sie ihm eine besondere Atmosphäre bereiten. Beate holt ein paar silberne Kronleuchter aus dem alten Eichenschrank, der ebenfalls in der Bibliothek steht und noch aus der Zeit von Onkel Bennos Großvater stammt, aus dem Jahr 1823. Dass Beate das so genau weiß, liegt daran, dass Benno sehr viel von seinem Großvater erzählt hat, denn er mochte ihn sehr. Die passenden weißen Kerzen liegen gleich daneben, sie braucht sie nur noch in die Leuchter zu stecken. Beate liebt die Kräuter, und über die Jahre hinweg hat sie sich ein großes Wissen angeeignet. Henrik liebt es, wenn sie ihre Düfte für seine Entspannung zelebriert. Zwei Messingschalen mit etwas Kohle stellt Beate auf den Biedermeiertisch. Bis die Kohle richtig durchgebrannt ist, nimmt Beate sich ihr Engelbuch zur Hand.

Die Seiten lässt sie einfach durch ihre Finger gleiten, bis sie eine Seite anhält und ihren Tagesspruch hat. Nachdem sie ihn gelesen hat, legt sie auf die durchgeglühte Kohle etwas Salbei und in die andere Schale etwas Zeder. Der Salbei steht für die Reinigung und Segnung, die Zeder für die Verbindung von Himmel und Erde. Die Natur ist sehr streng; wenn die Nadeln oft knacken und glimmen, sagen die Alten, dies verscheuche böse Geister. Der Rauch der immergrünen Zeder, der Schutzmantel der Erde, legt sich um uns. Die Zeder gehört zum Norden, wo Weisheit, Aufrichtigkeit, Stabilität und unsere innere Achse zu finden sind. Beate lässt ihren Blick nochmals durch den Raum gleiten, bevor sie ihn mit einem Seufzer der Zufriedenheit verlässt.

Zum ersten Mal sieht Katharina, wie Henrik auf der Terrasse sitzt und Pfeife raucht. Noch nie hat sie an ihm Tabakduft gerochen, etwas erstaunt starrt sie Henrik an. Offensichtlich ist jedoch, dass die beiden auf Katharina mit dem Abendessen gewartet haben. Henrik sieht die etwas starre Haltung bei Katharina und versucht sie mit einem lockeren Spruch zu lösen.

«Haben dich meine Rosen aus ihrer Verzauberung entlassen?», lächelt er.

«Entschuldigt, dass ich zu spät bin, ich musste unser Gespräch erst verdauen.»

Beate mischt sich ein:

«Na, dann hast du bestimmt einen riesigen Appetit?»

Henrik erhebt sich und bietet Katharina den Stuhl an.

«Wie geht es dir nach unserem Gespräch, haben deine Gedanken ihre Schwere ein bisschen verloren?»

«Etwas schon, Henrik, aber ein kleiner Brummkreisel ist noch in meinem Kopf. Ich bin mir nicht ganz im Klaren darüber, wie ich mir selbst verzeihen kann. Wenn es dir nicht zu viel wird, würde ich gerne diese Unterhaltung mit dir fortsetzen.»

«Gerne! Ich habe auch schon eine Idee, die ich mit dir nach dem Abendessen durchführen möchte. Sofern du

nicht zu müde dazu bist – ich verspreche dir, es wird nicht anstrengend sein.» Weil Katharina etwas skeptisch dreinschaut, fügt Henrik hinzu:
«Ich dachte da an eine Art Entspannung als Abschluss für diesen Tag.»
Heute Abend bedient Marco die drei und er hat die besondere Begabung, dass man ihn überhaupt nicht bemerkt. Die Unterhaltung läuft ohne nennenswerte Unterbrechung weiter.
«Henrik, du machst es aber spannend, darf ich nicht schon wissen, um was es geht?»
«Natürlich, es ist kein Geheimnis, ich möchte nur, dass deine Energie besser fließt, die ich durch eine Meditation in Fluss bringen möchte. Alles andere erfährst du später dazu.»
Beate schaut die beiden an. «Hattest du nicht vorhin noch eine Frage zur Verzeihung zu dir selbst?»
«Genauso hatte ich sie gestellt», Katharina richtet ihren Blick wieder auf Henrik.
«Warum unterwirfst du dich der Illusion von deinem Ego, Katharina? Dein Ego hat dir das alles geschaffen, woran du immer noch glaubst. Sieh die Wirklichkeit in reiner Liebe, so wie Gott sie in dir sieht. Vergib dir, was dein Ego dich hat erschaffen lassen, dann kannst du dein Selbstbild, dein Gottesbild in dir sehen. Dein inneres Kind besteht nur aus der reinen Liebe, tausche mit dieser Liebe des Schöpfers deine Schuldgefühle und Ängste aus. Dann findest du den wahren Frieden in dir. Verbinde diesen Frieden mit deinem inneren Kind und deinem

höheren Selbst, dann findest du den Lösungsweg zu deinem Schmerz.» Katharina tut Beate jetzt wirklich leid.
«Henrik, nun ist es aber wirklich gut, lass Katharina doch wenigstens in Ruhe zu Abend essen.»
«Beate, es ist meine Schuld, ich habe doch die Frage gestellt, er kann doch nichts dafür.»
«Beate hat schon recht, wir haben nach dem Essen noch genügend Zeit, uns zu unterhalten», räumt Henrik ein.
Das Abendessen läuft in einer leichteren Unterhaltung weiter, bis Beate sich verabschiedet und sich auf ihren abendlichen Spaziergang macht.
Henrik hat schon die Kerzen angezündet, was der Bibliothek eine anheimelnde Atmosphäre gibt. Kurz drauf kommt Katharina in die Bibliothek, für einen Moment erstarrt sie etwas vor Ehrfurcht. Sie mag diese Düfte, die sie in ihre Kindheit zurückversetzen, und die Dekoration fasziniert sie.
«Komm zu mir, Katharina. Was ich jetzt gerne mit dir machen möchte, ist eine Heilbehandlung, um die Verbindung zwischen Himmel und Erde und den Glauben an Gott in reiner Energie besser fließen zu lassen. Dieses möchte ich in Form einer Meditation tun; es soll dir die Vergangenheit und die Gegenwart besser verstehen helfen. Dass deine Gedanken sich leichter einer veränderten Richtung zuwenden.»
Wärend Henrik diese Erklärungen Katharina abgibt, geht sie zur Chaiselongue und nimmt Platz. Henrik fährt fort:
«Wenn du diese Heilung nicht erfahren möchtest, kannst du auch wieder gehen oder sie jederzeit abbrechen. Es ist

deine freie Entscheidung, wie weit du diese Meditation mit mir machen möchtest.» Katharina nickt nur, was Henrik als Einverständnis deutet.

«Dann leg dich entspannt hin und hör mir einfach nur zu.» Katharina überlegt noch schnell, ob sie sich wirklich so fallen lassen kann. Nur, wenn sie es nicht ausprobiert, wird sie es nie erfahren, ob sie diese Energie wirklich fühlt. Henrik bemerkt ihr leichtes Zögern.

«Entscheide dich frei, ohne irgendwelche Zwänge, ich bin dir nicht böse; wenn du diesen Raum verlassen möchtest, kannst du es gerne tun, du bist frei in allem, was du tust.»

Katharina schließt ganz langsam die Augen und wartet gespannt auf Henriks weitere Anweisungen. Sie hört Henriks Stimme wieder sagen:

«Willst du es wirklich erfahren?»

Katharina stimmt nochmals mit einem kleinen Nicken zu.

«Dann entspanne dich jetzt, hole dreimal ganz tief Luft und hör nur auf meine Stimme. Wenn ich sage, 'versuch dir das jetzt vorzustellen', dann stell es dir gedanklich vor, ich werde jeweils eine Pause machen, um dir diese Zeit der Vorstellung zu geben, ja?»

Wieder kommt nur ein Nicken von Katharina.

«Atme nochmals dreimal tief ein und aus, du spürst, wie sich dein Bauch immer wieder hebt und senkt. Du fühlst deinen Atem ganz tief in deinem Bauch, wie er sich ausbreitet ...Du stehst an einem wunderschönen Bergsee, in seinem tiefblauen Wasser spiegelt sich die Sonne. Rechts und links siehst du vereinzelte Baumgruppen am Uferhang stehen ...Du stehst am Ufer von diesem

tiefblauen Bergsee und spürst, wie aus deinen Füßen Wurzeln wachsen. Die Wurzeln sich tiefer und tiefer in Mutter Erde ...
Du nimmst einen Stein, der neben dir liegt, auf und wirfst ihn im hohen Bogen in den Bergsee. Du siehst den Stein in die Tiefe gleiten ...
Vor deinem geistigen Auge, siehst du jetzt deinen Tempel der Heilung, in regenbogenfarbiges Licht ...
Du spürst diesen Lichtstrahl, der dich umhüllt, mit seinen wunderschönen Farben ...
Du fühlst seine Lichtreflexe immer stärker, die jetzt in dich hineinfließen. Dich ganz liebevoll umschließen mit ihrer friedlichen heilenden Energie ...
Stell dir jetzt vor, wie diese schöpferische Kraft, die ein liebevoller Heiler ist, dich bittet, dich auf ein samtrotes bezogenes Bett zu legen, und du von vielen Lichtkristallen umgeben bist ...
Du spürst diese Ruhe in dir und die schöpferischen Kraft, die von einem weißgoldenen Lichtstrahl ausgeht ...
Du empfängst jetzt diesen Lichtstrahl, in dem du nochmals dreimal tief ein und aus atmest. Die heilende Kraft und stärkende Energie, die du jetzt empfängst ...
Sie fließt jetzt durch deinen Körper und befreit dich von deiner Schwere, deinen Ängsten. Von deinem inneren Unfrieden, der in dir ist, der aus deiner Vergangenheit und Gegenwart kommt ...
Du hast jetzt, die schöpferische Kraft in dir, mit der du dir jetzt alles erschaffen kannst, was du in deinem Leben haben möchtest ...Formuliere in deinen Gedanken jetzt

deine Wünsche, die du in dein Leben bringen möchtest. Denn nur du allein kannst dein Schöpfer und Heiler sein …Du weißt jetzt, dass die Wahrheit immer positiv ist, es gibt keine negative Wahrheit über dich, diese Kraft, die jetzt da ist und in dir ist, bereinige deine Gedanken …
Sag dir jetzt, wie liebenswert du bist, sag dir nur positive Sätze, die dir einfallen …
Und du wirst merken, wie viel besser es dir geht, mit dieser Kraft, dein wahres Ich zu finden, den, der du wirklich bist …Du fühlst diese Leichtigkeit jetzt ganz tief in dir … Genieße diese Leichtigkeit, die in dir wohnt für alle Zeit, bleib solange in diesem Seinzustand, wie du magst …Nimm dann Abschied und bedanke dich bei deinem Tempel der Heilung und der schöpferischen Kraft Gottes …»
Henrik gibt Katharina die Zeit, die sie braucht, um ihren Seinzustand zu verlassen. Erst als er merkt, dass sie sich allmählich daraus löst, nimmt er ganz vorsichtig auf der Chaiselongue an Katharinas Seite Platz. Er lässt ihr noch weitere zehn Minuten Zeit. Selbst er hat nicht damit gerechnet, dass sie sich beim ersten Mal so tief fallen lassen könnte. Er legt ganz leicht seine Hand auf Katharinas Arm, dann fragt er sie ebenso vorsichtig wie liebevoll:
«Geht es dir gut?»
So ganz allmählich kommt Katharina wieder zurück, ein «Puh» ist ihre erste Reaktion. Für wenige Minuten bleibt sie noch in ihrer Meditations-Position auf der Chaiselongue liegen. Henrik streichelt liebevoll über ihren

Arm, er weiß genau, wie anstrengend es für sie sein muss, diese Energie in sich aufzunehmen, mit ihr umzugehen und ihren Gefühlen freien Lauf zu lassen.

Da Henrik diese Therapie schon des Öfteren praktiziert hat, kennt er die unterschiedlichsten Reaktionen. Die einen stehen gleich auf, als wäre nichts gewesen, die anderen bleiben einfach still in ihrer Position liegen, und wieder andere lassen dem Fluss ihrer Tränen freien Lauf. Solange sich Henrik nicht absolut sicher ist, lässt er keinen seiner Patienten aus seinen Augen. So sitzt er immer noch geduldig an Katharinas Seite. Plötzlich kommt genau das, was Henrik schon insgeheim vermutet hat: Katharina überwältigt ein heftiger Strom von Tränen. Das Einzige, was Henrik in den ersten Minuten dieser Erleichterung tut, ist, ihr ein Taschentuch zu reichen und sie liebevoll zu streicheln.

Nach weiteren fünf Minuten setzt sich Katharina auf. Schützend nimmt Henrik dieses kleine neugeborene Kind tröstend in seine Arme. Beruhigend spricht er auf sie ein, bis Katharina ihn etwas verwirrt anschaut. Sie kann es selbst nicht fassen, was da gerade in ihr vorgegangen ist. Dass Bilder in ihr hochgekommen sind aus längst vergangenen Tagen, die für sie nicht mehr greifbar waren; selbst mit ganz viel Mühe wäre sie nicht imstande gewesen, sie so glasklar aus sich herauszuholen, wie sie sie soeben gesehen hat. Henrik bemerkt die leichte Verwirrung in Katharinas Augen.

«Schäme dich nicht, es ist alles gut. Lass dich von diesem Fluss der Energie tragen, denn er ist das höchste Gut aller

Dinge. Ohne sich abzumühen nährt er alle Lebewesen, nur die Menschen mögen es nicht, wenn er die Täler überflutet. Lebe im Einklang mit der Natur, der Fluss bewegt sich immer in der Harmonie des Augenblicks, er kennt deine Wahrheit, die in dir verborgen ist. Kämpfe nicht gegen ihn an, lass deinen Emotionen freien Lauf, Katharina. Denn er bringt dir die Reinheit und Klarheit in deine Gedanken. Denke an den tiefblauen Bergsee, an dem du gestanden hast, seine Kraft trägst du jetzt in dir. Diese Kraft lässt jetzt deine Gedanken frei fließen, zu einer natürlichen freien Denkweise – tausche dich aus, mit wem und worüber du möchtest. Achte sorgfältig darauf, was dir der Fluss des Lebens mitteilen möchte, sei aufgeschlossen zu jedem, der dir begegnet, du wirst es nicht bereuen.»

So ganz langsam und allmählich kommt Katharina wieder in ihre gewohnte Verfassung zurück.

«Henrik, ich würde gerne einfach in aller Stille für einen Augenblick draußen mit dir sitzen, die Abenddämmerung genießen und dann zu Bett gehen.»

Beide finden Beate an ihrem Lieblingsplatz in der Buddha-Ecke sitzen vor, mit einem Glas Wein, das ihr Marco gebracht hat. Henrik gibt ihr sogleich ein Zeichen des Schweigens, was sie auch sofort richtig deutet. Da sie Henriks Meditationen kennt, weiß sie, wie seine Patienten sich danach fühlen. Meistens wollen sie nur in der Stille dieses Gefühl, welches die Meditation hervorgerufen hat, in sich wirken lassen. Diese Stille wird durch den Ruf

einer Eule unterbrochen. Die Eule steht unter anderem für die richtige Beurteilung einer persönlichen Situation und kann ein Hinweis sein, dass wir bei undurchsichtigen Dingen bald eine Klarheit bekommen. Beate und Henrik werfen sich schnell einen Blick zu, besonders Henrik kennt sich mit diesen meist unverhofften Vorzeichen aus. Er glaubt auch ganz fest an sie, die Natur spiegelt es ihm oft wider, wie gut seine Meditation war. Nachdem die Eule ihre Kundgebung verrichtet hat und die Stille der Abenddämmerung zurückgekehrt ist, verabschiedet sich Katharina von den beiden. Beate erwidert als Erste Katharinas Gute-Nacht-Gruß.
«Mein Mädchen, ich wünsche dir mit dem Ruf der Eule eine ganz besondere Nacht. Der morgige Tag wird dich im Schutz eines neugeborenen Kindes wieder erwachen lassen.»
Beate erhebt sich gleichzeitig mit Katharina aus ihrem Stuhl und zieht sie liebevoll in ihre Arme. Auch Henrik umarmt diese neue Freundschaft, die in ihm ein neues Gefühl des Glücks hervorgerufen hat.

Beate betritt am nächsten Morgen das Restaurant und sieht Henrik schon beim Frühstücken.
«Guten Morgen, mein Junge», begrüßt Beate ihn. «Oder sollte ich besser mein Heiler sagen? Ich hoffe, du hast gut geschlafen? Dich nach so einem Tag so früh zu sehen wundert mich.»
«Danke, Beate, ich fühle mich frisch wie ein Fisch im Wasser. Ja, ich wollte mein Tagespensum noch vor

Katharinas Erscheinen schaffen; für den Fall, dass sie mich braucht, habe ich dann genügend Zeit. Außerdem möchte ich dich daran erinnern, dass wir Karten für die Zauberflöte haben und die Vorstellung heute Abend ist.»
«Oh, das hätte ich doch glatt vergessen. Sag mal, was denkst du, wird Katharina ihren Platz in diesem Leben finden?»
«Das kann ich nicht zu hundert Prozent beantworten, dafür sind die Wunden aus ihrer Vergangenheit doch sehr groß. Sie selbst hat ja noch nicht die Ursache gefunden, warum die Wunden so tief in ihr sind. Aber erst dann können die Wunden verheilen. Ihr größtes Problem ist, dass sie in allem zu viel Negatives sieht, erst im Erkennen dieser Ursache könnte sie ihren Gedanken eine veränderte Richtung geben.» Weiter kommen Beate und Henrik nicht, da Katharina in diesem Augenblick das Restaurant betritt.
«Guten Morgen ihr beiden, habt ihr auch so gut geschlafen wie ich? Ein Murmeltier ist nichts dagegen.»
Beate kommt Henrik mit dem Morgengruß zuvor.
«Dir wünsche ich ebenso einen guten Morgen. Du weißt schon, was es für eine Bedeutung hat, wie ein Murmeltier zu schlafen?»
«Ich kenne nur die Redwendung Ich habe geschlafen wie ein Murmeltier. Aber so soll ich es wahrscheinlich nicht sehen, hm?»
«Da ist nichts Verwerfliches daran, die Bedeutung ist, dass sich deine Zukunft verändert, weil sie von der Versuchung bestimmt ist.» Während der Unterhaltung der beiden hat

Henrik Champagner bei Marco bestellt, der gerade dabei ist, die Gläser zu füllen.

«Ich möchte mit den Damen auf diesen herrlichen Morgen anstoßen und weil ich denke, dass Katharina auf einem guten Weg ist. Etwas habe ich noch für dich, Katharina, was ich dir gerne auf deinen neuen Lebensweg mitgeben möchte. Überprüfe immer deine Gedanken und orientiere dich nach innen, zu deinem inneren Kind, da findest du die Harmonie, die dich zu Gott führt. Gott, der alles Glück dieser Erde für dich will. Er wird dir helfen, deinen inneren Frieden zu finden, deine Vergangenheit und Gegenwart in ein strahlendes weißes Licht zu führen. Denn nur Gott ist die reine Liebe und kann deine Wunden heilen. Die Voraussetzung dafür, diesen Weg zu ihm zu gehen, liegt in dir, und du wirst die Wahrheit über dich und andere finden. Es gibt eine wunderschöne Lebensweisheit im Taoismus, die ich mir gestern Nacht wieder sehr ins Bewusstsein kam:

Die Ohren sollen hören, was sie hören wollen, die Augen sollen sehen, was sie sehen wollen, der Geist soll das denken, was er denken will, die Lungen sollen in ihrem eigenen Rhythmus atmen. Man erwarte keine besonderen Ergebnisse, denn wo kann es in diesem wortfreien, vorstellungsfreien Zustand eine Vergangenheit oder Zukunft oder ein Zweckdenken geben?

Was hiermit gemeint, ist: Halte inne in aller Stille und höre, was dir deine Gefühle sagen wollen. Ob in deinem Beruf, bei deiner Familie oder in deinen Freundschaften. Lass dich führen von der Leidenschaft, die aus deinem wahren Inneren kommt. Denn das ist deine Schöpfung und nicht die, die von deinem Ego getragen wird. Wenn du damit beginnst, dein Leiden aus deinen Mauern zu entlassen, kann dein Ego dich nicht mehr beherrschen. Das ist der innere Frieden und deine ureigene Ausgeglichenheit, die du jeden Tag neu erfahren darfst.»

Der weitere Tag verläuft nicht mehr so philosophisch, alle drei haben beschlossen, sich nach dem Frühstück zu entspannen, um für den Abend ausgeruht zu sein. Katharina beansprucht für sich die Bibliothek, um in Henriks Bücherschatz zu stöbern. Es interessiert sie wirklich, was Henrik da so alles angesammelt hat, sie selber ist ebenfalls ein Bücherwurm. Mit so einer Bücherauswahl kann sie natürlich nicht mithalten. Seit Tagen hat sich Katharinas Mama nicht mehr eingemischt. Doch in diesem Augenblick kann sich ihre Mama nicht zurückhalten.

«Katharina, wo lenkst du deine Gedanken hin, wer Neid verspürt, hat Angst. Warum bist du eifersüchtig auf das, was du hier siehst? Es gibt für dich keinen ersichtlichen Grund, eifersüchtig auf diesen Menschen zu sein. Du bist ebenso wertvoll, wie liebenswert, nimm dieses Kompliment an und sieh dich, wie du in diesem Augenblick bist. Ein liebenswerter vollkommener Mensch. Wenn du dir das manifestierst, findest du den Weg zu diesen Menschen. Öffne deine Mauer und entlasse deine Ängste, den Neid und die Eifersucht, die dich immer noch gefangen halten. Betritt die Bühne der

Freiheit, sie ist wunderschön. Du wirst es sehen, hören und spüren, wie dich dieser Mensch in seine Arme schließt.»

«Mama, eigentlich bin ich des Denkens für heute müde, soll das heißen, wenn ich all diese Ängste überwinde, finde ich den Weg zu Rudolph?»

«Du kannst es so interpretieren, wie es für dich stimmig ist. Hör auf zu leiden, du bist der alleinige Schöpfer deines Glücks.»

«Ja, Mama, ich weiß, und darum bin ich auch an diesem Ort, wo ich das Gefühl der Nähe zu Rudolph mehr spüre. Ich möchte ihn ja besser verstehen, nur, irgendwas bremst mich noch.»

«Mein Kind, es ist nur, dein verletzter Stolz, der dich immer wieder gedanklich in die Sackgasse führt. Diese Mauer ist überwindbar, drehe dich einfach um und der Weg führt dich aus dieser Sackgasse an eine große Straße. Dann hast du die Möglichkeit, rechts oder links herum zu gehen. Die Frage ist nur, welche Straße ist die kürzere, denn beide Straßen führen dich ans Ziel. Ich lasse dich jetzt allein, du hast noch viel zu tun, mein Kind.»

Katharina legt sich auf der Chaiselongue und schließt ihre Augen. Ihre Gedanken gehen zu Rudolph, vielleicht liegt es auch an der Zauberflöte, die sie so stark an Rudolph denken lässt. Auch hier versuchen zwei Menschen wieder zusammenzukommen. Bis das geschieht, muss der junge Prinz Tamino drei Prüfungen bestehen. Die Prinzessin wird vom Fürsten Sarastro in seinen Tempel der Weisheit entführt, sein Anliegen ist jedoch die Prinzessin vor der bösen Königin der Nacht zu bewahren. Der junge Prinz Tamino gerät in die Hände des Oberaufsehers Monostatos, der ihn als Gefangener zu Sarastro bringt. Sarastro wünscht, dass Tamino zum Priester des Weisheitstempels geweiht wird. Die Königin der Nacht versucht einen Überfall auf den Tempel, wird dabei jedoch mit Monostatos und ihren anderen Verbündeten vernichtet. Tamino wird durch Sarastro in den Kreis der Eingeweihten aufgenommen. Und mit diesen Gedanken schläft Katharina ein, bis Beate sie ganz vorsichtig berührt:

«Katharina? Wir sollten uns für die Zauberflöte ankleiden.»

Es wird ein schöner Abend für alle drei, Henrik beobachtet Katharina immer wieder aus dem Augenwinkel und sieht, wie sie in dieser Oper aufblüht. Auch Beate entgeht es nicht, dass Katharina ein völlig anderer Mensch ist. Da das Oude Libertas Amphitheater zum Farmer's Winery Center gehört, kehren sie nach der Oper dort noch ein. Henrik erklärt Katharina, dass 40 Prozent der südafrikanischen Tafelweine von hier aus vermarktet werden. Es ist ein Muss für jeden Weinliebhaber, hier einzukehren.

Katharinas Begeisterung ist für den heutigen Abend nicht mehr zu bändigen. Die Oper hat ihr wohl diese Gelassenheit und Leichtigkeit gegeben, sodass der Abend mit einer leichten Unterhaltung endet.

Wahre Worte sind nicht schön.
Schöne Worte sind nicht wahr.
Gute Menschen streiten nicht.
Wer streitet, ist nicht gut.
Tugendhafte suchen keine Fehler.
Wer Fehler sucht, hat keine Tugend.

TAO, Spruch 81

Katharinas Herz rast noch lange an diesem Abend. Die Stimmung, die sie aus der Oper in sich getragen hat, soll noch nachklingen. Sie geht ein weiteres Mal in die Bibliothek, denn dieser Ort ist so faszinierend für sie. Als sie die Bibliothek betritt, ist sie schon wieder so hergerichtet wie bei ihrem ersten Eindringen. Da der Mond direkt ins Fenster scheint, ist der Raum hell genug, und ihre Stimmung wird noch intensiver. Das anheimelnde Licht des Mondes gibt diesem Raum eine besondere Ausstrahlung. Bevor sie sich auf der Chaiselongue niederlässt, zieht es sie zum Fenster. Als ob der Mond sie hypnotisieren wollte, schaut sie ihn für einen Moment ganz intensiv an.

Vielleicht soll die Kraft des Mondes sie in ihre innere Ruhe bringen. Plötzlich hört sie Henriks Stimme von heute Nachmittag wieder, die sie wie in Tranche zur Chaiselongue führt. Es dauert nicht lange, bis Katharina so tief in ihr Inneres versinkt, dass sie in einer Welt voller Liebe, Harmonie und Frieden ist.

Eine Welt, die es so eigentlich nicht gibt, und doch kann sie Realität sein. Katharina sieht Menschen, die sie nicht kennt, und ihre Freunde und Bekannten. Alle sind sie irgendwie anders als sonst, es geht etwas von ihnen aus, das Katharina nicht gleich einordnen kann.

Erst bei längerer Betrachtung merkt sie die absolute Ausgeglichenheit, die ihr auch bei Henrik und Beate gleich aufgefallen ist. Katharina sieht jetzt auch Rudolph, wie er mit ihr, Hand in Hand an einem ihr unbekannten Ort spazieren geht. Das, was Katharina da sieht, erschreckt sie, kann es wirklich sein, dass sie so mit Rudolph wieder vereint sein wird?

«Mein Kind, schau genauer hin, du bist es wirklich, so könnte eure Realität aussehen.»

«Mama, du bist auch hier?»

«Ja, wir alle möchten dir zeigen, wie schön dein Leben sein kann, wenn du das annimmst, was dir Henrik seit Tagen versucht zu erklären. Du kannst nicht die Menschen ändern, du kannst nur dich ändern, um dein Glück zu finden. Glaube an dich und deine Stärken. Henrik sagte zu dir, du bist Gott, und Gott verliert nie seinen Glauben. Wie würde dann unsere Welt aussehen? Für jedes Problem, für jede Ursache gibt es eine Lösung. Du musst nur richtig hinschauen. Das ist dein Weg, um deinen Platz im Leben zu erschaffen. Du allein bist verantwortlich für das, was ist, nicht die anderen. Das ist die Wahrheit und sie liegt in dir, zum Greifen nahe. Nur wenn du deine Widerstände loslässt, kannst du dein Ego aufgeben. Deine inneren Konflikte und Kämpfe, deine starren Denkmuster und Gewohnheiten, lass sie in der Vergangenheit, damit die Wahrheit, Freude und Liebe in dein Leben fließen kann.

Mein Kind, in den letzten Tagen deiner Reise werden wir dir zeigen, was Fürsorge und Liebe wirklich heißt. Aber nun solltest du schlafen, der morgige Tag wird anstrengend sein.»

Da die Sonne frühmorgens als Erstes in die Bibliothek scheint, wacht Katharina sehr früh auf. Im Moment weiß sie nicht, wo sie ist, sie braucht einige Sekunden der

Orientierung. Als sie aufstehen will, wird sie von einem heftigen Schwindelanfall wieder auf der Chaiselongue gezwungen. Kalter Schweiß steht ihr auf der Stirn und eine leichte Übelkeit steigt in ihr hoch. Ein weiterer Versuch aufzustehen ist in Katharinas Augen zwecklos, daher konzentriert sie sich auf ihre Übelkeit. Sie schließt die Augen und schläft wieder ein.

Inzwischen ist es schon Mittag und weder Beate noch Henrik haben Katharina gesehen. Als Beate vom Küchenchef kommt, dem sie wie jeden Tag frische Kräuter bringt, sieht sie das immer noch unberührte Frühstück für Katharina. Allmählich packt sie Unruhe und Sorge; sie geht nach oben und klopft an Katharinas Zimmertür. So lange und fest kann doch um diese Zeit kein Mensch mehr schlafen. Beate zieht ihren Schlüsselbund aus der Westentasche und öffnet die Tür.

Ein leichter Schreck läuft durch ihren Körper, denn sie findet das Bett unberührt vor. Etwa doch schon so früh aufgestanden, aber warum ohne Frühstück? Beate kommt das alles ein bisschen merkwürdig vor. Als sie sich umdreht, steht Henrik vor ihr.

«Na, ist unser Dornröschen schon erwacht?»

«Henrik, das weiß ich nicht, sie ist weg.»

«Hm», macht Hernik. «Ich kann mir denken, wo Katharina ist. Komm mit zur Bibliothek, vermutlich stöbert sie dort in alten Büchern herum.»

«Aber das macht doch keinen Sinn, frühstücken hätte sie doch wenigstens können.» Sie gehen mit schnellen Schritten zur Bibliothek. Henrik ist als Erster an der Tür.

«Da schau, wie sie da liegt, wie Dornröschen in ihrem hundertjährigen Schlaf.» Obwohl die beiden sich etwas lauter unterhalten, kommt keine Reaktion. Beate rüttelt Katharina am Arm, irgendetwas stört Beate an ihr, so, wie sie daliegt. Katharinas Gesicht hat eine zarte Röte, die Beate nicht gefällt. Sie legt ihre Hand auf Katharinas Stirn.
«Henrik, sie hat Fieber.»
«Ich hole das Fieberthermometer, vielleicht müssen wir unseren Doc anrufen. Dass sie wegen der erhöhten Temperatur noch schläft, kann ich mir beim besten Willen nicht vorstellen.» Beate schaut Henrik etwas erschrocken an. «Glaubst du, es ist was Ernstes?»
«Ich möchte nur auf Nummer sicher gehen.»
Henrik hat so eine Ahnung, aber er möchte nicht, dass sich Beate noch mehr Sorgen macht. Es dauert keine zehn Minuten, da ist er wieder zurück, auch mit dem Doc hat er schon in weiser Voraussicht telefoniert, der auch gleich versprochen hat, nach seiner Sprechstunde vorbeizukommen. Beate schaut Henrik eindringlich an. «Denken wir beiden das Gleiche?»
«Mag schon sein, aber ich möchte keine voreiligen Schlüsse ziehen. Warten wir ab, was der Doc sagt.» Durch die etwas hektische Unterhaltung der beiden wacht Katharina auf. Ihre Augen blinzeln ein wenig in das grelle Sonnenlicht. Mit einem schmerzverzerrten Stöhnen unterbricht sie die Unterhaltung der beiden.
«Mein Mädchen, was ist los, hast du etwa hier die ganze Nacht geschlafen?»
«Mein Kopf fühlt sich an, als ob tausend Nadeln drin

stecken, mir ist kalt und schwindlig dazu. Ich traue mich gar nicht aufzustehen.»

Beide schauen sich wieder an, es ist ihnen nun klar, dass es das ist, was sie nicht ausgesprochen hatten.

«Katharina, wir bringen dich in dein Zimmer, Henrik hat den Doc schon benachrichtigt.»

Henrik ist Katharina beim Aufstehen behilflich, da merkt er auch schon, dass sie wieder ins Wanken kommt. Ohne lange zu überlegen nimmt er sie auf seine Arme und trägt sie in ihr Zimmer. Beate schaut sich im Schrank nach Katharinas Hausanzug um und hilft ihr beim Anziehen. Kaum liegt Katharina in ihrem Bett, wird ihr wieder übel, es kommt nur ein «Oh mein Gott ist mir schlecht».

Schnell leert Beate die Schale mit dem Obst, dass die Früchte nur so durchs Zimmer fliegen. Aber sie schafft es rechtzeitig, das Schlimmste zu verhindern. Inzwischen kommt Henrik mit einer Flasche Stillen Wassers zurück, während sich Katharina vor Erschöpfung wieder ins Kopfkissen zurückfallen lässt.

«Na, dich hat es aber erwischt, aus deiner Heimreise wird wohl nichts werden, bin gespannt, was du ausbrütest.»

«Mal nicht den Teufel an die Wand», stammelt Katharina noch mit letzter Kraft, dann schläft sie wieder ein. Katharina schlägt die Augen auf, kann aber die Gestalt des anderen Mannes nicht richtig wahrnehmen.

«Wo ist denn meine neue Patientin, der es so schwindelig ist?», löst der Doc das Rätsel.

So ist er nun mal, immer mit einem fröhlichen Lachen auf den Lippen oder einem flotten Spruch auf der Zunge.

Henrik schließt die Tür wieder hinter sich und geht in die Empfangshalle zurück, um dort auf den Doc zu warten. Wie zutreffend seine Vorahnung sein wird, kann Henrik noch nicht wissen. Beate, die bei der Untersuchung dabei geblieben ist, wechselt vor Schreck die Gesichtsfarbe. Wieder mal hatte Henrik die richtige Eingabe, es ist gut, dass er gleich den Doc gerufen hat. Für einen kurzen Augenblick ist Katharina wieder bei Bewusstsein, sodass der Doc sie nach einigen Krankheiten befragen kann. Da Katharina zunehmend schwächer wird, schüttelt sie nur andeutungsweise ihren Kopf. Der Doc merkt schon, dass es keinen Sinn macht, Katharina noch weitere Fragen zu stellen. Für ihn steht sowieso die Diagnose fest, nun wendet er sich wieder an Beate.

«Du weißt, was das heißt, in den nächsten Stunden? Ich werde ihr eine Spritze geben gegen die Übelkeit und das Fieber, ein paar Tabletten lasse ich euch auch noch hier. Blut werde ich ihr auch gleich noch entnehmen. Sollte es ihr wesentlich schlechter gehen, ruf mich bitte sofort an.»

«Ja, das werde ich, außerdem werde ich ihr kalte Umschläge auflegen. Das wolltest du doch jetzt von mir hören, Doc?» Wenn es nicht so ernst um Katharina stehen würde, würden noch ein paar weitere lockere Sprüche aus seinem Mund kommen, aber so belässt er es bei einem aufmunternden Lächeln.

«Ja, liebe Beate, vielleicht solltest du noch ein Gefäß bereithalten, es wird noch ein paarmal zum Erbrechen kommen.» Nachdem der Doc Katharina das Blut entnommen hat, gehen beide hinunter in die

Empfangshalle, wo Henrik sie schon erwartet. «Und», kommt es gleich von ihm, «ist meine Vorahnung begründet?»

«Ja, mein Bester, soweit es meine ärztliche Verantwortung zulässt, stimme ich dir zu. Alles Weitere wird uns das Blutbild in Kürze sagen, ich werde das Blut gleich zum Labor bringen, zum frühen Nachmittag werden wir dann Gewissheit haben.»

Beate begleitet den Doc noch bis zur Tür und verabschiedet ihn, bevor sie sich dem sichtlich schockierten Henrik zuwendet. Obwohl Henrik diesen Befund erwartet hat, ist ihm nicht wohl dabei, dass er hier wieder mal richtig liegen soll. So manches Mal hat er sich schon gewünscht, nicht zu tief in die Seelen der Menschen sehen zu können.

«Schau nicht so traurig, mein Junge, du weißt, unser Doc hat schon so einiges geschafft, was einige nicht für möglich gehalten haben, er ist ein Großer.» Beate sieht, dass Henrik ein Buch in der Hand hält. «Du solltest zu ihr gehen und ihr daraus vorlesen. Vielleicht geben die Engelweisheiten von Doreen Virtue ihr die nötige Kraft, die sie noch braucht. Wunder gibt es immer wieder, warum sollte es heute anders sein? Die Schüssel für die kalten Umschläge bringe ich dir noch.»

Leise öffnet Henrik die Zimmertür, holt sich einen Sessel und stellt ihn neben Katharinas Bett. Eine Weile schaut er sie an, bis er sich seinem Buch mit dem Titel Engel-Hilfe für jeden Tag von Doreen Virtue widmet. Gedankenverloren schlägt er irgendeine Seite auf, und ohne länger darüber nachzudenken liest er laut das Kapitel Genieße das Maß deiner Liebe vor ...

Katharina hört Henriks angenehme Stimme und lauscht ihm. Obwohl sie sich in einem Nebel befand, sieht sie jetzt durch ihn hindurch in ein helles Licht. Es kommt ihr vor, als wäre sie in einer anderen Welt in der von heute Nacht, und immer wieder hört sie Henriks angenehme Stimme. Doch schaut Katharina zu Beginn wieder etwas ehrfürchtig in diese andere Welt hinein, und ein Gefühl von Wohlsein durchströmt sie. Die angenehme Kühle, die ihre Stirn umhüllt, bringt ihrem Kopf jetzt die ersehnte Linderung. Beate steht eine Weile ganz still im Zimmer, bevor sie Katharina den kalten Umschlag auf die Stirn legt und aufmerksam Henrik zuhört. Als Henrik das Buch zur Seite legt, sagt er nur noch:
«Ich wünsche ihr von ganzem Herzen, dass Katharina diese Liebe zu Gott und sich selber findet.»
«Henrik, sie wird diesen Weg finden, sie hat jetzt die Zeit dazu. Du glaubst doch nicht an Zufälle? Vielleicht ist es gewollt, dass sie die Zeit des Nachdenkens bekommt. Ich gebe zu, es ist eine sehr ungewöhnliche Methode, aber nichts ist unmöglich.»

Katharina sieht ihre Mama und geht freudig auf sie zu, «Mama, wie lange haben wir uns nicht gesehen?» Sie umarmen sich herzlich.
«Mein Kind, hier gibt es keine Zeit. Aber was viel schöner zu sehen ist, dass du das Verurteilen verlassen hast. Es gab

nicht immer schöne Worte, aber wahre Worte, die dich aus deinen Mauern führen können. Wenn du sie annimmst, wäre das für mich das größte Geschenk, du weißt doch, wie gerne ich mich beschenken lasse.»
Katharina gibt einen kleinen Seufzer von sich. Wie schön ist es doch, ihrer Mama wieder so nahe zu sein.
In diesem Moment erblickt sie Beate und Henrik.
«Was macht ihr denn hier?» Überrascht schaut sie die beiden an.
«Hast du vergessen, was ich dir versprochen habe? Beate und ich werden dich bis zum Ende deiner Reise begleiten. Wir beide möchten dabei sein, wenn am Ende das andere Ufer in deiner grenzenlosen Göttlichen Liebe erscheint. Wir möchten bei deinem letzten Schritt zum Erfolg deiner Selbstmeisterung dabei sein. Deine leuchtenden Augen sehen, wenn du die Tür deines Käfigs öffnest und in die wieder gewonnene Freiheit fliegst.»
«Ich danke euch, aber die letzte erforderliche Stärke, wie es ja heißt, fehlt mir noch.»
«Bitte deinen Schöpfer um Hilfe, und du bekommst die erforderliche Stärke. Deine wirkliche Realität liegt in dir, du brauchst sie nur aufzunehmen. Du kennst die wahre Realität auch schon, lass einfach deine Ängste los. Glaube ganz fest an das, was du dir wünschst, und es wird zur Realität werden. Gedanken sind wie Magnete, wenn du Rudolph wirklich willst, bekommst du diesen Neuanfang in deinem Leben. Du bist wahrlich weit gekommen auf deiner Reise, um deinen Gedanken die Richtung zu geben, die dich ins Paradies führt. Danke deinem Schöpfer für

seine Hilfe. Wir sind stolz auf dich, sei du auch stolz auf dich!» «Ganz so stolz kann ich noch nicht sein, denn das große Thema ängstigt mich immer noch. Obwohl ich das Gefühl der göttlichen Liebe in mir fühle und vielleicht auch meiner Selbstliebe näher gekommen bin. Wie schön wäre es, Rudolph hier und ohne Ängste begegnen zu können. Komm, ich zeige dir etwas.»

Henrik nimmt Katharina an die Hand und geht mit ihr zum Tempel der Winde.

«Diesen Platz kenne ich doch.»

«Das ist der Weg in deine Freiheit und in dein Glück. Lange genug warst du eingesperrt, fühle dich frei wie ein Vogel, der nie etwas anderes gekannt hat. Diese Freiheit, die du dir hier erschaffen hast, mit deinem Schöpfer gemeinsam, bleibt dir immer erhalten. Achte auf deine innere Stimme und richte dein Augenmerk auch auf den Menschen, den du am meisten liebst.

Geh für einen Moment in die Vorstellung hinein, dass du Rudolphs Stimme hörst, er dich mit seinem liebevollen Lächeln anschaut. Vor deiner Heimreise will ich dir einen weiteren Ort der Ruhe zeigen. Er heißt Angkor Wat, die uralte Tempelanlage der Khmer, sie liegt verborgen im Urwald im Norden Kambodschas, ihr Anblick ist überwältigend. Eine gigantische antike Tempelstadt, es ist der größte religiöse Gebäudekomplex der Welt. Der Tempel ist von einer Mauer umgeben und ein breiter Wassergraben umschließt die Anlage, Krokodile sind die Wächter dieser heiligen Stätte. Das Wasser symbolisiert das mythische Urmeer, aus dem alles entstanden ist. Über eine Brücke gelangst du zum Tempel. Er markiert den Übergang vom Chaos zum Kosmos, zum Sein. Hier bist du den Göttern so nahe wie ein Vogel, der zum Himmel aufsteigt.»

Während Henrik weitererzählt, sieht Katharina, wie Rudolph über die Brücke durch das heilige Westtor lachend auf sie zukommt. Beide werden sie von den Sonnenstrahlen begrüßt, die gerade über die riesigen Türme des zentralen Vishnu-Tempels aufsteigen. Sie gehen schweigend zum Tempel und sind völlig gefangen von der einzigartigen Atmosphäre. Es sind nur wenige Besucher auf der großen Anlage, die nicht weiter stören. Katharina und Rudolph lassen sich von nichts ablenken, in diesem Augenblick existieren nur sie und der magische Ort Angkor Wat. In Begleitung der Sonnenstrahlen nähern sie sich dem zentralen Tempel, der vor 800 Jahren von Suryavarman II. errichtet wurde, jenem legendären König, der einst über ein Khmer-Reich herrschte, das heutige Vietnam, das bis Burma reicht. Das Reich der Khmer wird heute als das Goldene Zeitalter bezeichnet.

Ihr König sah sich als Stellvertreter des hin-duistischen Gottes Vishnu auf Erden, daher ließ er diese kolossalen Tempel errichten. In den langen Tempelwänden kann man heute noch die eingemeißelten Reliefs sehen, auf denen die großen Hindu-Epen dargestellt sind. 3000 Nymphen schmücken die Wände, von denen keine der anderen gleicht und die alle so schön sind, als wäre der Künstler auf der Suche nach dem Archetyp einer idealen Frau gewesen. Survavarman II. vergoldete alles, Figuren,

Wände und Türme, seine Macht war grenzenlos und seine Feinde bezwungen. So blieb ihm nur die Aufgabe, einen Tempel zu schaffen, der so schön und prächtig war, dass er die Götter selbst zur Erde locken wollte.

«Katharina, wenn du mit Rudolph die vier Ebenen des Tempels besteigst und durch das vierte Tore gehst, schließt euch Angkor Wat ins Herz. Ihr steht alleine im zentralen Garten, wo ihr ungestört die Schönheit des Ortes genießen können. Auch der Garten hat vier Säulen, von denen er eingegrenzt wird, die Form stellt eine Lotusblüte dar. In seiner Mitte befindet sich ein großer fünfter Turm, der den mythischen Berg Meru darstellt. Die Türme sollen die ganze Pracht des Khmer-Reiches symbolisieren, seine Größe und die Herrlichkeit. Und das inmitten der heiligen Stille.»

Katharina und Rudolph haben denselben Gedanken, ohne dass sie ihn aussprechen. Sie spüren, dass ihre Beziehung hier an diesem heiligen Ort der Beginn ihres Neubeginns ist. Plötzlich erscheint alles so einfach und richtig. Die Reise ist ein wunderschöner Traum. Ihr Leben ist ein wunderschöner Traum, der jetzt zur Wirklichkeit wird mit der dazugehörigen Liebe.

Stundenlang gehen sie in der weitläufigen Anlage von Angkor Wat gemeinsam auf Entdeckungsreise und erkunden ihre gemeinsame Zeit aufs Neue. Katharina und Rudolph sehen sich auch die älteren zerfallenen Tempel aus dem 9. Jahrhundert an, den Anfängen des Khmer-Reiches. Am meisten fasziniert sie der Bauteil aus dem Goldenen Zeitalter. Was wurde aus dem Reich von Survavaruian II.? Was wird aus ihrer neuen Zeit, lassen sie sich jetzt im Fluss einer neuen Zeit treiben? So wie sich die Nachfolger ihrem Schicksal ergaben, als ihr Land von den barbarischen Tscham-Kriegern verwüstet wurden? Diese Frage stellen sich beide und sehen sich zum ersten Mal wieder tief in die Augen, die ein Mitgefühl der Liebe für dieses vergangene Volk ausstrahlen. Das Volk brauchte einige Zeit, bis es wieder in neuer Pracht erschien. Ihr Herrscher Jayavarman VII. setzte neue Schwerpunkte; weil die hinduistischen Götter sein Volk nicht genügend beschützt hatten, folgte ein Zeitalter mit neuen Göttern und neuen Werten im neuen Glanz. Jayavarman VII. errichtete in Angkor Thom einem neuen Gott den Aufsehen erregenden Tempel Bayon, dem Buddha Avalokiteshvara.

Von jedem Turm kann Buddha auf die vier Seiten der Welt blicken und lächelt geheimnisvoll dabei. Dieses Lächeln verwundert und begeistert Katharina und Rudolph. Sie stellen sich die Frage:

«Was mag er uns mit seinem Lächeln sagen wollen?»

Rudolph lächelt Katharina liebevoll an.

«Vielleicht hat er die Erkenntnis über das Wesen der Existenz und über die Illusion des Lebens, die wir noch suchen. Vielleicht möchte er uns sagen mit seinem Lächeln: Was mir gelungen ist, kann auch euch gelingen, ihr müsst nur die Mauer, die vor euch steht, überwinden.»

Sie bleiben den ganzen Nachmittag dort sitzen, lassen sich von ihren Gedanken treiben und versuchen, das Geheimnis des Buddha-Lächelns zu enträtseln. Am späten

Nachmittag gehen sie weiter und entdecken einen Tempel, der fast völlig unter einem riesigen Baum verschwindet. Rudolph geht schweigend, in der Dämmerung durch den wunderschönen Garten und sieht vor dem prachtvollen Tempel Katharina sitzen. Er ist sichtlich ergriffen und begreift für sich, dass Angkor Wat das Schicksal der Menschen selbst symbolisiert. Die Zeit, die unweigerlich alles verschlingt, hat zugelassen, dass sich zwei verliebte Menschen entfremden. Sie hat erlaubt, dass ein großartiger Tempel vom Dschungel überwuchert wird. Der Baum allerdings, der mit seinen Wurzeln den Stein einengt und ihn fast zerstört, hält den Tempel zusammen. So wie die tiefe Liebe, die Katharina und Rudolph nach dieser Reise wieder verbindet.

Henrik sieht Katharinas Tränen, nur, diesmal sind es keine Tränen der Traurigkeit. Diese Tränen bringen die Liebe, die Harmonie und den Frieden zurück. Die Angst verlässt Katharina, die ihre Reise ab jetzt ohne Henrik gehen kann, der sich gerne zurückzieht und sie in Rudolphs Arme übergibt. Im selben Augenblick hört sie Rudolphs Stimme, auch er sieht ihre Tränen und weiß jetzt, dass sie auf ihrer Rückreise ins Jetzt und Hier ist. Katharina wendet sich zu Rudolph und schaut ihn stumm an. Eine Leichtigkeit der Erlösung überflutet sie.

«Warum bist du so still, du redest doch sonst ohne Punkt und Komma», lächelt Rudolph.

«Ich weiß nicht, was ich sagen soll, dass ich dich hier treffe, verschlägt mir die Sprache. Und deine Lockerheit irritiert mich ein wenig, bei dem, was aus der

Vergangenheit noch zwischen uns steht. Ich wünsche mir so sehr, dass du mir verzeihst, Rudolph.»

Katharina merkt, wie ihr Herz schneller zu schlagen beginnt, dreimal holt sie tief Luft für eine kleine Verschnaufpause.

«Katharina, ich habe dir schon lange verziehen, schade ist es nur, dass es für dich so lange ohne Bedeutung geblieben ist. Aber auf der anderen Seite verstehe ich dich auch, dass du Abstand gewinnen wolltest. Auch ich war an diesem Tag nicht fehlerfrei, nur, so manches Mal sagt man etwas in der Wut und meint es nicht so. Manchmal ist das Ego eben größer, als die Liebe fließen kann. Bitte verzeih mir.»

«So oft habe ich an dich gedacht, Rudolph, und unsere gemeinsame Zeit, die viel Schönes hatte. Ich habe viel in den letzten Wochen gelernt und glaube, ich habe dich falsch eingeschätzt. Ich habe mein Vertrauen in dich irgendwann verloren, aus der Angst, die noch aus alten Verletzungen herrühren. Irgendwie dachte ich, sie sind verheilt, aber es war wohl doch nicht so.»

«Es ist gut so, wie es gekommen ist. So nahmen wir beide etwas Positives wie auch Negatives aus unserer gemeinsamen Zeit mit. Und wie ich sehe, hast du an Größe gewonnen, in der Zwischenzeit.»

«Danke für dein liebevolles Komplimente, es freut mich, dass ich dir gefalle.»

«Oh, du hast wirklich was dazugelernt, seit wann nimmst du Komplimente an? Kannst du dich noch erinnern, wie schwer es dir damals gefallen ist?» Sie nickt. «Aber auch du hast an Größe zugelegt, wann hast du das letzte Mal eine Verzeihung ausgesprochen und deine Fehler zugegeben? Rudolph, danke, dass es dich gibt und dass du mir die Zeit der Neuorientierung gegeben hast. Nur mit dem Freiraum, den du mir gegeben hast, war mir diese Reise möglich.»

«Nur wer wirklich bereit ist, sich selbst zu lieben, kann in Liebe dem anderem diese Freiräume geben.»

«Rudolph, du bringst mich in Verlegenheit, ich glaube kaum, dass ich das so könnte. Auch in der Zeit unseres Streites hast du dich mir gegenüber vorbildlich verhalten.»

«Dieser Streit, den du jetzt ansprichst, ist doch nur zwischen uns entstanden, weil wir beide ihm den Samen dafür gaben. Wir haben ihm nicht rechtzeitig das Wasser entzogen, sonst wäre er nie so stark aufgeblüht. Du hast mir so viel gegeben in unserer Freundschaft, und dafür bin ich dir dankbar. Stürme kommen und ziehen vorüber, und in dieser Ruhe, die jetzt da ist, sind Güte, Liebe und eine echte Vergebung eingekehrt. Wenn du möchtest, können wir neuen Samen legen und ihn in Frieden aufgehen lassen. Katharina, wir sind doch heute beide ein ganzes Stück weitergekommen, wann haben wir jemals so miteinander geredet? Nie haben wir unsere Ängste so offen dargelegt, obwohl ich es gerne getan hätte. Nur, irgendwann war auch meine Angst zu groß, überhaupt mit dir zu reden. Heute lache ich über mich selber, und dieses Lachen heilt alles in mir.»

«Hm, das hört sich alles so verständnisvoll an bei dir, habe ich dich damals so unterschätzt? So manches Mal fragte

ich mich, kannst du mir überhaupt böse sein? Deine Antworten waren trotz allem immer liebvoll. Habe ich dich jemals um Verzeihung gebeten? Ich glaube, nicht.»
«Sei nicht so streng mit dir. Ist dies nicht ein erster kleiner Schritt in die richtige Richtung? Gib dir Zeit, das nächste Mal wird es dir leichter fallen. Du weißt doch, wer erwartet, der wartet. Darum bin ich schon lange aus dieser Erwartungshaltung herausgegangen und auch du willst nicht mehr länger in deiner Warteschleife stehen?»
«Du gibst mir Rätsel auf.»
«Ich möchte dir nur andeuten, dass du den Weg auch weiter gehen kannst. Er ist gehbar, und wenn du möchtest gehen wir ihn gemeinsam. Hab Vertrauen zu dem, was du wirklich willst. Hierzu fällt mir ein passender Vers ein, vielleicht kennst du ihn auch?

'Was auch immer du neu beginnen möchtest, du musst nicht wissen wie, du solltest aber wissen, was du verändern willst in deinem Leben'.»
Rudolph sieht Katharina etwas nachdenklich an.
«Kann es sein, dass du was loswerden möchtest? Dein Glitzern in deinen Augen von damals ist wieder da, es fehlt dir doch das Züngelin an der Waage.» Katharina schmunzelt, sie weiß genau, worauf Rudolph jetzt anspielt.
«Henrik zitierte auch mal so ein ähnlichen Vers 3 aus dem TAO, ich glaube er heißt:
'Wer andere versteht, hat Wissen, wer sich selber versteht, hat Weisheit'.
'Andere beherrschen erfordert Kraft, sich selbst beherr-

schen erfordert Stärke. Wenn du begreifst, dass du genug hast, bist du wahrhaft reich'. Es war genauso passend in dem Moment wie jetzt deins, und so zutreffend. Genauso war unsere gemeinsame Zeit, es ist schön, mit dir so zu reden, Rudolph, nur frage ich mich, reicht mir diese Ebene?»
«Na, da ist doch das Züngelin, nur Mut, was kann dir auf dieser Ebene schon passieren? Nimm dieses Gedicht in dir auf und wir haben wieder dieselben Träume, Wünsche und Hoffung, damit wir gemeinsam die Purzelbäume schlagen können, wenn du es möchtest.»
«Auf dieser Ebene habe ich keine Ängste, aber in der Realität könntest du mich zurückweisen. Das könnte ich nicht ertragen. Puh, nun ist es endlich raus.»
«Habe ich dich jemals zurückgewiesen ...» Katharina unterbricht Rudolph sofort. «Na, habe ich dich jemals so verletzt, oder vielleicht auch enttäuscht?»
«Wenn ich das so sehen will, magst du recht haben, nur, ich bin für uns in die Verzeihung gegangen. Somit ist die Verletzung und Enttäuschung für mich jetzt ohne Bedeutung. Ich sehe alles, was du mir geschrieben hast, aus einem anderen Blickwinkel. Ich erkenne dich darin, es sind deine Verletzungen, Enttäuschungen und Ängste, sie gehören zu dir. Viel schöner wäre es, sie miteinander zu teilen und zu besprechen, sich zu vertrauen. Was für mich persönlich ganz wichtig ist, du bist mir ein sehr wertvoller und liebenswerter Mensch geworden.»
«Heißt das jetzt, ich dürfte dich nach meiner Reise anrufen?» «Ich würde es sehr schön finden, nach deiner

Rückkehr von dir zu hören. Über eine solche Entscheidung von dir würde ich mich wirklich sehr freuen. Aber bitte, es ist deine ureigene Entscheidung. Katharina, lass dich im Fluss von deinen liebevollen Gedanken tragen, sag Ja zu deinem neuen Leben. Die Natur sträubt sich auch nicht gegen die Gezeiten, sie lässt Ebbe und Flut in sich fließen, du kannst es auch. Lass dich von diesem Fluss aus deiner Warteschleife treiben, dies bringt dich in deine ureigene Freiheit zurück, die du doch so liebst.»

«Ja, ihr habt mir gezeigt, dass ich meine Ziele erreichen kann, auch wenn die Wege oftmals verschlungen waren und ich nicht wusste, wo ihr mich hinführt; umso größer war mein Erstaunen, im Nachhinein.»

«Das zeigt dir doch, dass du einfach nur im Vertrauen bleiben musst. Auf deine innere Stimme hören, die dir dann den rechten Weg zeigt, einfach zuhören. Es ist nie zu spät, seinem Leben eine andere Richtung zu geben. Die meisten Menschen suchen doch immer nur nach irgendwelchen Ausreden, aus ihrer Angst heraus, um ihren wahren Ursprung nicht finden zu müssen.

Du hast deine Blockaden losgelassen und kannst nun staunend und neugierig, wie ein kleines Kind, durch dein Leben gehen. Sufi Rumi sagte schon in einem seiner Gedichte: Das, wonach Du Dich sehnst, sehnt sich auch nach Dir. Was hindert dich daran, dich so zu entfalten und das zu tun, was schon immer dein Herzenswunsch war.

«Jetzt verstehe ich auch, warum mir Henrik und Beate

geschickt worden.» «Alle wollten immer nur das Beste für dich und das Beste ist das Paradies auf Erden und nicht die Hölle. Oft müssen wir solche Wege gehen, damit wir irgendwann merken, hier geht es nicht weiter, und dann von ganz alleine ins veränderte Denken kommen. Kreativer zu sein bedeutet Zeit zu haben, und diese Zeit hast du dir genommen, das Universum hat dir diese Zeit geschenkt. Zum Abschluss möchte ich dir noch ein Zitat aus Der kleine Prinz von Antoine de Saint-Exupéry geben:

'«Die Menschen bei dir zu Hause», sagte der kleine Prinz, züchten fünftausend Rosen in ein und demselben Garten .... und sie finden dort nicht was sie suchen ...»
«Sie finden es nicht», antwortete ich, ... «und dabei kann man das, was sie suchen, in einer einzigen Rose oder in einem bisschen Wasser finden ...»
«Ganz gewiss», antwortete ich. und der kleine Prinz fügte hinzu: «Aber die Augen sind blind. Man muss mit dem Herzen suchen.»
«Was wichtig ist, sieht man nicht ...'»
«Danke für dein Vertrauen. Warum haben wir es nur so weit kommen lassen? Ich habe viel falsch gemacht.»
«Es ist, wie es ist, wir mussten diese Erfahrung durchleben, um es jetzt besser zu machen. Außerdem, bist du dir wirklich sicher, so viel falsch gemacht zu haben? Wäre es nicht auch denkbar, dass wir beide Fehler gemacht haben? Katharina, nun hast du alles richtig gemacht. Ich wünsche dir jetzt eine gute Nacht, träume

was Schönes. Lass dich mit deiner vollen Energie von deinen Gedanken in diesem Fluss zu deinen Wünschen tragen. Wer träumt, der lebt, Katharina – und du willst doch wieder leben?»

Alles unter dem Himmel hat einen gemeinsamen Anfang.
Dieser Anfang ist die Mutter der Welt.
Wenn wir die Mutter kennen,
können wir die Kinder kennen lernen.
Wenn wir die Kinder kennen,
sollten wir zurückkehren
und uns an die Mutter halten.

TAO, Spruch 52

«Du hast dein Ziel erreicht, mal in der Leichtigkeit und auch so einige Male in der Schwere. Dennoch kannst du stolz auf das sein, was du hier geschaffen hast. Wie war das am Anfang deines Buches: Das schaffe ich nie.»

«Ja, ihr habt mir gezeigt, dass ich meine Ziele erreichen kann, auch wenn die Wege oftmals verschlungen waren und ich nicht wusste, wo ihr mich hinführt; umso größer war mein Erstaunen, im Nachhinein.»

«Das zeigt dir doch, dass du einfach nur im Vertrauen bleiben musst. Auf deine innere Stimme hören, die dir dann den rechten Weg zeigt. Einfach zuhören, wenn du uns gerufen hast, das ist das ganze Geheimnis. Es ist nie zu spät, seinem Leben eine andere Richtung zu geben. Die meisten Menschen suchen doch immer nur nach irgendwelchen Ausreden, aus ihrer Angst heraus, um ihren wahren Ursprung nicht finden zu müssen. Du hast deine Blockaden losgelassen und kannst nun staunend und neugierig, wie ein kleines Kind, durch dein Leben gehen. Sufi Rumi sagte schon in einem seiner Gedichte: Das, wonach Du Dich sehnst, sehnt sich auch nach Dir. Was hindert dich daran, dich so zu entfalten und das zu tun, was dein Herzenswunsch schon in deiner Jugend war?»

«Jetzt verstehe ich auch, warum ich mich nochmals an das Buch setzen musste, das eigentlich für mich schon fertig war. Aber im Nachhinein betrachtet und auf die Ereignisse schauend, die geschehen sind, konnte es nicht veröffentlicht werden.»

«Richtig, wir alle wollen immer nur das Beste für dich und das Beste ist das Paradies auf Erden und nicht die Hölle.

Oft müssen wir euch solche Wege gehen lassen, damit ihr irgendwann merkt, hier geht es nicht weiter, und dann von ganz alleine ins veränderte Denken kommt. Kreativer zu sein bedeutet Zeit zu haben, und diese Zeit hast du dir vor einigen Jahren gewünscht. Das Universum hat dir diese Zeit geschenkt und bietet dir seine Unterstützung an.
In dieser Geschichte stecken mehr Details von deinem Leben als in den vorangegangenen. Weil du gelernt hast, in den Genesungsprozess zu gehen, Schritt vor Schritt hast du ihn angenommen, wie ein Baby das Krabbeln lernt.»
«Hm, das stimmt. Ich drücke es jetzt besser so aus, wir haben ein paar Lebensabschnitte angerissen. Es geht hier nicht mehr um ein einziges Thema, das im Vordergrund für mich stand. Hier ist mehr das Thema: Wo ist mein Platz in diesem Leben, und wie finde ich ihn?»
«Du hast ihn durch das Schreiben gefunden, einmal durch dein schon in Gedanken fertiggestelltes Buch, das dir in erster Line helfen sollte, deinen Schmerz loszulassen. Und dieses jetzige, dir die Freude und einen neuen Sinn in deinem Leben zu geben. Alles im Leben hat einen Sinn, es gibt nichts Sinnloses, egal was gerade in deinem Leben passiert. Im Moment spielt es nicht einmal eine Rolle, ob dieses Buch die Menschen erreicht. Aber wenn es dein Wunsch ist, wirst du auch dieses Ziel erreichen.»
«Ganz ehrlich gesagt, ist es schon mein sehnlichster Wunsch, es den Menschen zur Verfügung zu stellen. Außerdem könnte ich mir auch vorstellen weitere Projekte in dieser oder in einer anderen Form zu veröffentlichen.»

«Ach, schau an, hier spricht jemand, der nie ein Buch mit so vielen Seiten schreiben kann, und jetzt? Dann hast du wirklich deinen Ursprung in der Realität gefunden und suchst nicht mehr außerhalb deiner Reichweite.
Ich könnte auch sagen, dieses Buch hat dich gelehrt, auf deine innere Stimme der Inspiration zu hören. Du hast jetzt akzeptiert, dass alles ein natürlicher Vorgang ist, wie alles in der Natur. Ab diesem Moment erschaffst du Dinge, die aus deinem Ursprung entstehen, alles, was du dazu benötigst, wird dir von uns gegeben. Du musst nur vertrauen, mit jedem Schritt, den du in deine Richtung der Verwirklichung gehst. Wir werden dir noch andere Türen öffnet.»
«Mach dich nur lustig über mich.»
«Nein, ganz und gar nicht. Hier kannst du an dir selber ganz klar erkennen, alles ist möglich und erreichbar. Wenn der Vogel erst mal aus dem Käfig gelassen wird, findet er seinen ursprünglichen Sinn in dieser Welt wieder. Und wenn du dir die Mühe machst, findest du auch in diesem Buch deine ureigene Wahrheit.»
«Was meinst du jetzt genau damit? Denn ich glaube nicht, dass du den Platz meinst, den ich jetzt in diesem Leben gefunden habe.»
«Nicht nur, aber schau dir mal den allerersten Vers und den Spruch 3 aus dem TAO genau an und vergleiche sie miteinander. Alles ist ein Kreislauf in der Natur, auch in diesen beiden Versen schließt sich der Kreis wieder. Wenn es für dich leichter ist, schreibe sie beide nochmals untereinander und lies sie aufmerksam durch. 'Was auch

immer du neu beginnen möchtest, du musst nicht wissen wie, du solltest aber wissen, was du verändern willst in deinem Leben.

Wer andere versteht, hat Wissen, wer sich selber versteht, hat Weisheit.
Andere beherrschen erfordert Kraft, sich selbst beherrschen erfordert Stärke.
Wenn du begreifst, dass du genug hast, bist du wahrhaft reich'. (TAO, Spruch 3) Geht dir nun ein Licht auf?»
«Irgendwie schon ... Ich versuche mal, die beiden Verse zu interpretieren. Der erste zeigt mir meine Unsicherheit und der zweite, na ja, Wissen und Weisheit – ist das nicht ein bisschen zu hoch gegriffen?»
«Wieso denn? Sieh es doch nicht gleich wieder so kritisch, betrachte es als positiv, es ist deine weitere Entwicklungsstufe. Die Medaille hat immer zwei Seiten, jeder von euch sollte sein Leben von beiden Seiten betrachten, irgendwann werdet ihr alle an diesen Punkt in eurem Leben kommen. Wie auch immer dieser Zeitpunkt aussieht, ob wie bei Katharina durch die Erkrankung an Malaria oder diese letzten Seiten an deinem Buch. Wie oft hast du dich gefragt, wo führen sie mich jetzt wieder hin? Du hast den Sinn nicht immer gleich verstanden, auch jetzt geht es dir wieder so. Höre einfach zu und schalte dein Ego aus, lass dich führen im Fluss deiner Energie der vollkommenen Leichtigkeit. Betrachte weiterhin dein Leben mit Neugierde, dann wird die Quelle des Glücks und der Freude nie versiegen. Es gibt ein paar ganz

einfache Regeln, die alles auf den Punkt bringen, wie du dein Leben im ständigen Energiefluss meistern kannst. Ich sage hier bewusst Regeln und nicht Gesetze, denn die Gesetze sind von euch gemacht. In Wirklichkeit braucht ihr keine Gesetze; denn wenn ihr alle mit und nach den Naturgesetzen leben würdet, das ist das Paradies auf Erden.»

«Ich weiß, wir hatten dieses Thema auch kurz im Buch angesprochen. Nur, es wird schwierig sein, dieses Umdenken in den Köpfen der Menschen umzusetzen.»

«Nein, es ist nicht schwierig, wenn jeder es in kleinen Schritten macht, so wie du es für dich getan hast. Dann seid ihr durchaus in der Lage, euch eine neue Welt zu erschaffen. Sei einfach offen für alles Gute, was in dein Leben möchte, sei dankbar dafür und nimm es liebevoll auf. Wenn du irgendwelche Entscheidungen treffen musst, benutze nur für eine gewisse Zeit dein Ego, dann schalte es aus. Dein Ego möchte die Kontrolle über dich haben, aber dein Herz zeigt dir immer den richtigen Weg ins Glück. Glaube an dich, deine höhere Macht und an deine Wünsche. Denn der Glaube und die Liebe zu dir selbst lassen dich jede Situation meistern. Wichtig ist nur, dass du nie deine Macht an andere abgibst. Vertraue dir und glaube an dich, das ist der Schlüssel zu deinem Paradies, egal was die anderen über dich denken. Es sind ihre Gedanken und Ansichten, die dich aber nicht zu deinem Glück führen. Ergib dich nicht diesen falschen Mächten, höre auf dein Herz, nicht auf dein physisches, sondern auf dein spirituelles Herz. Das spirituelle Herz gibt dir den inneren Frieden und schenkt dir Harmonie, denn es fließt mit der Liebe Gottes. Sei gütig mit dir und deinen Mitmenschen, nur so kannst du die Mauern, die ein jeder von euch hat, zum Einstürzen bringen. Du bist in der Lage, die Menschen ins Glück führen, du hast dieses Potenzial in dir. Den ersten Schritt hast du jetzt geschafft, sei so gut und folge deinem göttlichen Plan, der sich dir immer deutlicher offenbart.

Zum Abschluss möchte ich dir noch ein Zitat aus Der kleine Prinz von Antoine de Saint-Exupéry mitgeben, denn ich sage jetzt erstmal Adieu.

'Und er kam zum Fuchs zurück: «Adieu», sagte er... «Adieu», sagte der Fuchs. «Hier mein Geheimnis. Es ist ganz einfach: man sieht nur mit dem Herzen gut. Das Wesentliche ist für die Augen unsichtbar.» «Das Wesentliche ist für die Augen unsichtbar», wiederholte der kleine Prinz, um es sich zu merken. «Die Zeit, die du für deine Rosen verloren hast, sie machen deine Rosen so wichtig.» «Die Zeit, die ich für deine Rosen verloren habe....», sagte der kleine Prinz, um es sich zu merken.

«Die Menschen haben diese Wahrheit vergessen», sagte der Fuchs. «Aber du darfst sie nicht vergessen. Du bist zeitlebens für das verantwortlich, was du dir vertraut gemacht hast. Du bist für deine Rosen verantwortlich...»

«Ich bin für meine Rosen verantwortlich...», wiederholte der kleine Prinz, um es sich zu merken'.

Suche du mit deinem spirituellen Herzen und du findest in einer einzigen Rose deine Wahrheit tief in dir. Du bist lange genug über steinige Wege und Felsen gegangen; was geschehen ist, ist nicht mehr zu ändern. Dennoch hast du die Straße entdeckt, die dich zu deinem Tempel deiner Seele geführt hat.»

Alle Menschen kommen zu ihm,
der sich an das eine hält.
Sie strömen ihm zu und erleiden keinen Schaden,
denn in ihm finden sie Frieden,
Sicherheit und Glück.

TAO, Spruch 35

Danke!!!

Es hört sich an wie eine Geschichte, aber es ist keine Geschichte, im Sinne einer fiktiven Geschichte. Darum möchte ich mich jetzt in aller Dankbarkeit, in Demut und zugleich etwas wehmütig, aber auch mit Erleichterung bei meinem Schöpfer und allen Helfern des Universums bedanken. Wehmütig deshalb, weil mir diese Wesen über die Wochen des Schreibens hinweg so ans Herz gewachsen und lebendig geworden sind. Aus der Erleichterung, es wirklich und wahrhaftig geschafft zu haben, ein Buch zu schreiben, und dies in erster Line für mich selber, etwas geschaffen zu haben, was ich mir anfangs, bei den ersten Seiten, so nicht vorstellen konnte. Es gab zwar einen Leitfaden, den ich schon genau vor einem Jahr fertig gestellt hatte, nur ist aus diesem Leitfaden jetzt etwas völlig anderes entstanden.
Auf dieser Ebene mit meinem Schöpfer so eng verbunden zu sein, mit ihm zu kommunizieren, war mir in den ersten Stunden des Schreibens nicht bewusst. Mit der Zeit wurde mir immer bewusster, dass ich nicht nur Hilfe von Gott bekam, sondern auch von anderen Wesen wie Engeln, die ich um ihre Unterstützung bat. Erst jetzt im Nachhinein, nachdem der letzte Abschnitt geschrieben ist und ich mir einen Augenblick der Ruhe gönne und zu meinem Teich gehe, den es wirklich gibt. Hier werde ich meine innere Ruhe finden, oder, besser ausgedrückt: Abschied nehmen. Von einem Leben, das teilweise so stattgefunden hat, wie es beschrieben ist. Mein Herzklopfen, das ich jetzt bei

diesem Abschied spüre, als würden mich gute Freunde wieder verlassen. Ich glaube nicht, dass mich diese Freunde, dass mich Gott und die Engel wirklich wieder verlassen werden. Ich glaube mehr, dass ich ein tieferes Bewusstsein bekommen habe und dass ich niemals alleine sein werde.

Ich glaube, wir alle sollten uns dieses Bewusstsein zueigen machen, es hilft uns immer, in unserem Leben weiterzukommen oder es zu verändern. Es gibt kein „Zu spät" oder „Das schaffe ich nicht" mehr. Es gibt immer einen Neuanfang, nur müssen wir uns dieses Bewusstsein verinnerlichen und an uns und die Hilfe Gottes glauben. Dann finden wir tatsächlich den Frieden, die Sicherheit und das Glück, in uns und zu Gott, wie es im TAO-Spruch 35 heißt.
Ich weiß jetzt, dass ich ein Teil von Gott bin und ich ihn in meinem Herzen trage. Auch ich dachte so manches Mal: Und wie geht es jetzt weiter? Da mir mein Leitfaden nicht mehr zu Seite stand, ich jedoch immer wieder aufs Neue um die Hilfe meines Schöpfers bat, zeigte er mir den Weg, den ich gehen konnte.
Diese Zeit des Schreibens hat mir ganz persönlich gezeigt, wann immer ich um Hilfe bitte, bekomme ich sie auch. Mag sein, dass gewisse Dinge auch mal länger auf sich warten lassen. Aber wenn die Zeit reif ist, bekommen wir es doch vom Universum geschenkt. Das kann ich heute mit absoluter Sicherheit sagen; wenn es nicht so wäre, würde es zum Beispiel dieses Buch nicht geben, das Sie,

lieber Leser, liebe Leserin, in Ihren Händen halten. Nehmen Sie diese Hilfe an, öffnen Sie sich für ein Leben in Freiheit, Glück und Zufriedenheit.

Vielleicht können Sie jetzt ein bisschen besser verstehen, warum ich voller Dankbarkeit dieses Kapitel so und nicht anders verfasst habe. Warum ich es in erster Line meinem Schöpfer gewidmet habe, ich aber auch die Menschen nicht vergessen darf, die mich immer wieder ermutigt haben: Schreibe ein Buch. Der Richtigkeit halber muss ich hinzufügen, es wäre ein anderes Buch geworden, wenn sich nicht einige Widrigkeiten eingestellt hätten. Es wäre mit Sicherheit nicht so geschrieben worden.

Trotzdem hat dieser Mensch für mich jetzt noch mehr an Wertschätzung gewonnen. Auch wenn diese Widrigkeit uns trennte, lernte ich ihn auf eine neue Art kennen, ihn besser verstehen. Den Platz in meinem Herzen verlor er nie, trotz der Umstände, die uns auseinanderbrachten. Ganz im Gegenteil, dieser Platz hat sich noch mehr gefestigt in meinem Herzen, für diesen liebenswerten Menschen, den ich nie vergessen werde.

Wie oft stehen wir Menschen an einem Punkt und würden ihn gerne ungeschehen machen. Nur, die Zeit können wir nicht zurückdrehen, im Universum gibt es keine Zeitberechnung, wir leben im «Jetzt und Hier». Aber unsere Gedanken können wir verändern, sie in Liebe ausrichten und sie dadurch in eine andere Richtung lenken. Das hat mir dieses Buch ganz persönlich gezeigt. Heute verstehe ich Gott besser, der mir immer wieder vermittelt hat: Ich glaube an dich und deine besondere

Größe, glaube auch du an dich. Damals fehlte mir dieser Glaube an mich selber, und somit konnte ich auch nicht meine eigene Größe entdecken, die in jedem von uns ist. Ich danke meinem Schöpfer, der nie den Glauben an mich verloren hat, während ich selbst diesen Weg des Glaubens eine Zeit lang verlor.

Die Dankbarkeit fließt in glücklichen Tränen der Freude und Zufriedenheit, dass ich diesem wunderbaren Menschen begegnen durfte.

Eure Renate Stremme

Weiterhin aus unserem Verlag

Wenn Bäume sprechen könnten ISBN 978-3-943650-39-6

Irrlichter des Todes ISBN 978-3-943650-33-4

Du bist das Wunder ISBN 978-3-943650-24-2

Jenseits, Tod und Sterben ISBN 978-3-943650-29-7

Die Geschichtenerzählerin - Märchen für Erwachsene ISBN 9783943650150

Shiva kläfft - Der berühmteste Hund von Berlin
ISBN 978-3- 943650-28-0

Gourmetkatze - Als die Katze einen Tisch reservierte ISBN 978-3-943650-36-5

Glück schenken Geschenkband ISBN 978-3-943650-14-3

Alle unsere Bücher gibt es zusätzlich kostengünstig als eBook im Format epub und für das Kindle!

pax-et-bonum.net

pax-et-bonum.net wir empfehlen:

NachRusslandReihe Die Buchreihe über Russland
http://russland-buecher.ru

Autoren helfen Autoren durch den Blätterwald - Tipps und Tricks kostenlos, dazu Dienstleistungen wie: Lektorat, Satz, digitale Produkte, Buchmarketing , Cover und Webseiten
http://autorenhilfe.com

Gande-Design leben mit Stil und Genuss
http://www.gandeshop.de

Tierhospiz Hof Elise, bittet um Spenden oder Paten für seine Tiere. Spenden sind Steuerabzugsberechtigt.
http://tierhospiz-sametsham.de

Zitate aus dem „kleinen Prinzen" alle Bücher von Antoine de Saint-Exupéry gibt es bei http://karl-rauch-verlag.de